Kossi Komla-Ebri

La sposa degli dèi

Nell'Africa degli antichi riti

EDIZIONI DELL'ARCO - MARNA

© Copyright 2006
EDIZIONI DELL'ARCO®
www.ediarco.it - info@ediarco.it

Prima edizione: marzo 2006
Seconda edizione: marzo 2009

Edizioni Gruppo Solidarietà Come Soc. Coop.
Via Tortona, n. 18 - 20144 Milano
Tel. 02 58113325 - Fax 02 89402234

In coedizione con:
Casa Editrice MARNA Scrl
www.marna.it

È vietata la riproduzione, anche parziale, con qualsiasi mezzo effettuata, compresa la fotocopia, anche a uso interno o didattico, non autorizzata.

Stampato presso A.G.BELLAVITE, Missaglia (LC)

Questo volume è stato stampato secondo la filosofia *GreenPrinting* volta alla salvaguardia dell' ambiente attraverso l'uso di materiali (lastre, carta, inchiostri e imballi) a basso impatto ambientale, oltre all'utilizzo di energia rinnovabile e automezzi a metano.

 carta priva di cloro elementare

*A Marcella,
Davide Sélom Komi,
Sarah Séyénam Adjoa.*

«Senza il favore degli dèi,
l'uomo non è niente.»

Omero, *Odissea*

Lo spirito dell'Adédjé

Lasciando la statale asfaltata, la strada che porta al villaggio di Dugà si srotola come un serpente rosso che scivola pian piano in mezzo al verde fitto e brillante della foresta, curvandosi per arrampicarsi sui monti.

La via che giunge a Dugà ha l'anima scavata da profonde ferite inflittele dalle acque straripanti dell'Adédjé, un fiumiciattolo che più in alto la attraversa.

Durante la stagione delle piogge, quando il cielo nuvoloso e imbronciato si squarcia per rovesciare la sua tiepida cascata d'acqua che ricongiunge il cielo alla terra, dall'argine dell'Adédjé, l'acqua rossa, limacciosa, gravida di tronchetti, ramoscelli e cadaveri di animaletti, si gonfia a più non posso. Rotolando giù verso la valle, L'Adédjé in piena invade la strada come un'orda di barbari, devastando e trascinando tutto al suo passaggio. Chi è ignaro del fenomeno stenta a riconoscere l'allegro e cristallino fiumiciattolo in quell'onda sanguigna, melmosa e minacciosa.

Lassù, al villaggio di Dugà, gli anziani dicono di un ragazzo ribelle che è posseduto dallo spirito dell'Adédjé in piena.

Kossivi, figlio di Mambono (madre di Mambo), fratello di Mambo e Gbédé, nipote dell'*hunò*[1] Briyawo, già all'età di sette anni era posseduto dallo spirito dell'Adédjé in piena.

Oggi, girando per le strade sassose e irregolari di Dugà, capita di incontrare un uomo di bassa statura, gambe arcua-

---

[1] Sacerdote della divinità (*vodù*).

te, barba grigia incolta, viso scavato e occhi spenti. I bambini di Dugà lo conoscono bene. Lo chiamano Ñonli,[2] con quel frizzante miscuglio di paura e sfida che alimenta la fervida immaginazione dell'infanzia. L'invisibile tessitore che compone le trame delle nostre vite ha decisamente tanti fili al suo telaio. Nessuno avrebbe pensato che Kossivi, figlio di Mambono, nipote dell'*hunò* Briyawo, sarebbe finito così, come un'ombra silenziosa, lugubre, errante preda e bersaglio degli impietosi giochi dei fanciulli di Dugà.
Le malelingue dicono che è una vittima dei *vodù* di suo zio, l'*hunò* Briyawo. Altri sostengono che ha voluto vedere oltre la notte.

---

[2] Spirito maligno, fantasma.

Il *tron*

Briyawo, fratello di Mambono e quindi zio di Kossivi, era dedito all'adorazione dei *vodù*. La sua casa era piena di *tron*[3].

Briyawo li aveva comprati anni addietro quando viveva a Todji, un villaggio arroccato sui monti sopra Dugà. Da Dugà si vedeva il villaggio di Todji, steso sul fianco della montagna con le sue capanne di terra rossa intarsiate di pietre, coperte di paglia e affondate nella chioma verde arruffata del bosco. Qua e là spuntavano i riflessi ammiccanti e accecanti di alcune case con i tetti di zinco. All'alba, il villaggio di Todji, sonnecchiante, sembrava aleggiare sopra le nuvole che accerchiavano la sommità del monte. Al tramonto, mentre il pomeriggio scivolava nella sera, il gigantesco sole rosso che si appoggiava al suo fianco lo annegava nel suo mare di sangue.

Gli anziani affermano che il *tron* è d'oro: se non lo compri, non può lavorare per te.

Briyawo acquistò il suo primo *tron* da un commerciante proveniente dal Ghana per la somma di venticinque sterline. Oggi un *vodù* costa sui trecentomila-quattrocentomila franchi, ossia cinquecento-seicento euro, tanti soldi per quei tempi! Briyawo dovette comprarlo per tenere in vita il suo secondogenito Apédo.

Briyawo compiva allora venticinque anni. Il suo primogenito Koaku era nato deforme: non riusciva a camminare e si trascinava strisciando a terra con il petto. Per cinque anni

[3] Gli dèi *vodù*.

strisciò come un rettile. Non si alzava mai da terra e per uscire con lui bisognava portarlo sulla schiena.

Per curarlo, Briyawo consultò tutti i guaritori della zona. I loro *tron*, che Briyawo interrogò, gli assicurarono che se metteva di nuovo incinta sua moglie, il piccolo Koaku avrebbe iniziato a camminare. Briyawo obbedì, ma, sebbene la donna fosse in gravidanza inoltrata, il ragazzo non riusciva né a reggersi in piedi, né a camminare. L'angoscia e la disperazione si annidarono e presero dimora nei cuori di Briyawo e di sua moglie Ayawa.

Un giorno, andando al mercato, Ayawa incontrò per strada uno strano uomo. Più tardi venne a sapere che era un commerciante girovago venuto dal vicino Ghana. Quel giorno, con la pancia prominente e i fianchi appesantiti, Ayawa camminava con il suo cestino vuoto in equilibrio sulla testa. Andava al mercato per acquistare un po' di pesce affumicato, del *gombo*[4] per il sugo della settimana e della farina di manioca. Montando in groppa al cielo, il sole della piccola stagione secca aveva appesantito l'aria di prima mattina. L'afa faceva incollare i vestiti alla pelle e il suolo bruciava la pianta dei piedi. Le mosche appiccicose infastidivano. Si faceva fatica a respirare. Ayawa, braccia e gambe divaricate con il tronco spinto all'indietro, si muoveva a piccoli passi.

Con il cuore in gola raggiunse la piantagione di cacao sulla curva del sentiero, subito dopo la prima ripida discesa che portava al mercato di Ablomé. Si diresse esausta all'ombra degli alberi di cacao pregustandone la freschezza. Una grossa lumaca impaurita ritrasse per un attimo le sue corna poi, rassicurata, le rimise fuori, e incurante della fila di formiche rosse che vicino a lei scalavano il tronco, riprese a disegnare le sue strisce di bava sulle foglie. I frutti del cacao, già marroncini, erano aggrappati come mammelle ai tronchi verde chiaro.

---

[4] Verdura che diventa filante alla cottura.

Quando la donna fece per sedersi, due grosse lucertole con la testa rossa la salutarono prima di scappare e le cicale per una frazione di secondo sospesero il loro assordante schiamazzo. Intanto i raggi del sole si infiltravano soffusamente fra i rami facendo scintillare degli sciami di luce nel verde fogliame, mentre una coppia di uccelli si rincorreva gioiosamente sbattendo le ali fra gli alberi.

Mentre Ayawa si sedeva sulle foglie secche scricchiolanti per riprendere fiato e asciugarsi la fronte imperlata di sudore, un uomo alto, dal mento volitivo e vestito di un *boubou*[5] azzurro con ricami gialli, le si avvicinò. Il contrasto fra l'ombra del sottobosco e la luce accecante della strada non le permise di scorgerne subito i lineamenti. Il cicalio si interruppe. L'uomo, con la bocca come una ferita, la squadrò sfrontatamente con i suoi occhi neri calamitanti e, ignorando i saluti d'uso, ebbe per lei parole lusinghiere e concluse dicendo: «Donna, mi piaci tanto! Vorrei sposarti!»

Ayawa emise una risatina sarcastica e rispose: «Non vedi che sono incinta?»

L'uomo fece un sorriso enigmatico. I suoi denti avevano il colore brunastro della noce di cola.

«Non m'importa: ti sposo con la pancia! Donna, voglio rivederti. Quando torni al villaggio, vieni a trovarmi: sono ospite nella capanna dietro la casa di Adonko.»

Senza aggiungere altro riprese il cammino sulla strada ripida, sassosa e polverosa che portava a Todji.

Perplessa, la donna lo seguì con lo sguardo e pensò: "Pover'uomo, questo caldo gli avrà fuso il cervello!"

Ayawa, moglie di Briyawo, non era di certo facile alle adulazioni. Aveva superato ormai quell'età in cui ogni donna è disposta a bere tutto ciò che stuzzica orecchio e vanità. La vita insegna che, come il tempo, il sudore cola in giù e non risale mai alla testa. Eppure, la donna riprese il suo cam-

---

[5] Ampia e lunga tunica con ricami pettorali.

mino verso Ablomé senza riuscire a togliersi l'uomo dalla mente.

Ci ripensò mentre si aggirava fra i banchi colorati e chiassosi delle venditrici di verdure che presentavano la loro merce ammonticchiata sulle stuoie.

Si addentrò nel mercato cercando di schivare lo scolo delle acque putride e verdastre, miste al sangue proveniente dalla zona dei macellai, trattenendo il respiro per non sentirne i miasmi. Le parole dell'uomo le echeggiavano nella mente mentre contrattava il prezzo del pesce, cercando allo stesso tempo di cacciare con la mano la nuvola di mosche indispettite che lo ricoprivano.

Sulla strada del ritorno, quando giunse ai campi di cacao, i pensieri la riportarono ancora all'uomo. Era come se udisse dentro di sé un richiamo continuo.

Tornata a casa, ne parlò con la cognata Mambono.

«Che tipo strano... Chissà cosa vuole da te» fu il suo commento.

«Non so perché, ma sento che devo andare da quell'uomo... Di sicuro ha qualche cosa da dirmi... Mambono, vuoi venire con me?»

Si fece accompagnare da lei. Quando entrarono nel cortile, l'uomo, fissando la pancia d'Ayawa, bandì i saluti e senza preamboli sentenziò: «Vedo problemi attorno alla tua gravidanza. Se non li risolvi, il figlio che sta per nascere sarà come quello che si trascina in casa tua come un serpente. Ecco perché ti ho fatto venire qui.»

Le due donne rimasero interdette e si guardarono spaventate.

Di fronte al loro silenzio l'uomo chiese: «Dov'è tuo marito?»

Tremante, con la gola secca, Ayawa rispose: «A quest'ora dovrebbe essere a casa!»

«Vai a dire a tuo marito di venirmi a trovare.»

Lungo il breve tragitto del ritorno, le donne non scambiarono parola. Ayawa sentiva le dita gelide dell'angoscia premerle sul cuore.

Briyawo era appena tornato dai campi e si preparava per la doccia. Si era un po' allarmato non trovando le donne in casa. Quando le vide arrivare con facce sconvolte, andò loro incontro.

«*Fo*[6], sembra che la disgrazia abbia trovato dimora in casa nostra...» esordì Ayawa.

E dopo avergli raccontato tutto concluse: «*Fo*, quell'uomo ti vuole vedere.»

«Tu credi che possa fare qualche cosa per il nostro Kuaku?» chiese lui

«Non lo so, ma credo che ci dobbiamo andare!»

Dopo cena, Briyawo si recò dall'uomo con la moglie incinta che portava sulla schiena il figlio deforme.

L'uomo li accolse con un: «Benvenuti a voi che avete camminato!»

«*Yooo!*[7]»

La coppia si accovacciò.

«Si è fatta sera!»

«Si è fatta sera!»

«Quelli dei campi?»

«Stanno bene.»

«E quelli di casa?»

«Ci sono.»

«State bene tutti?»

«Sì.»

«Ben arrivati a voi che vi siete spostati.»

Finiti i saluti, l'uomo indicò con la mano due seggiolini: «Sedetevi pure.» E dopo un breve silenzio disse: «La pace è in questa casa.»

---

[6] "Marito" o "fratello" in lingua Ewé (etnia del Togo).
[7] Espressione che viene usata per assentire.

«Che la pace ci rimanga sempre!» rispose Briyawo, e dopo un silenzio riprese: «I nostri cuori sono tormentati dalle parole che hai detto a mia moglie... Come vedi, nostro figlio Kuaku...»

Briyawo narrò all'uomo tutte le sue peregrinazioni per fare camminare il figlio e concluse: «Noi non sappiamo più cosa fare e il pensiero che anche il nostro secondo possa essere come lui mi è insopportabile! Aiutaci, se puoi!»

Durante tutto il colloquio l'uomo non degnò il ragazzino di uno sguardo, anzi sembrava voler evitare di vederlo. Il piccolo Kuaku era più agitato del solito. Mugugnava e si contorceva dietro la schiena di sua madre, nonostante lei cercasse di cullarlo in continuazione con una mano posta sotto il suo sedere. Una schiuma bianca gli adornava le labbra.

Dopo che Briyawo ebbe finito di parlare, l'uomo senza aggiungere altro si alzò, si tolse i sandali ed entrò nella capanna a consultare i suoi *tron*. Dal cortile si sentivano solo i suoni di un campanello e la voce gutturale dell'uomo che officiava senza che si potesse capire il significato delle sue parole. Uscendo, l'uomo si recò in un angolo del cortile per cogliere delle erbe che triturò e miscelò con l'acqua in un secchio.

Rivolgendosi alla moglie di Briyawo, l'uomo ordinò: «Ora verrai con me nel bosco a lavarti con quest'acqua!»

Briyawo, sua moglie con il figlio Kuaku sulla schiena, il secchio con l'acqua e le erbe con la quale la donna doveva lavarsi, seguirono l'*hunò* che illuminava la strada con una lampada a petrolio attorniata da falene svolazzanti.

In silenzio attraversarono il villaggio nell'ora in cui, dopo una dura giornata di lavoro, tutti si apprestano a raggiungere i loro giacigli per riposare le membra stanche. Il villaggio era immerso nel buio, come una tenda nera perforata qua e là dal chiarore di qualche finestrella illuminata. Sulla stradina sconnessa e sassosa che portava verso il bosco si udivano le voci esasperate di qualche mamma, o quelle imbronciate e minacciose di qualche papà che richiamavano i loro fanciulli. L'aria umida e afosa della giornata si era condensata sulle foglie degli alberi di caffé gravidi di grappoli verdi e di arbusti e ora si appiccicava alla pelle. Il profumo acre dei tronchi umidi assaliva le narici. Delle lucciole illuminavano il cammino.

L'uomo li portò con sé nel bosco ove il buio tremolava di figure insane e le zanzare sibilanti tormentavano la pelle. Solo una falena volava intorno alla lampada.

Addentrati nella boscaglia, l'uomo si fermò e fece sdraiare il bambino per terra, su un tappeto di foglie ricoperto di millepiedi e vermi.

Lì, nel fitto bosco, avvolti dal concerto assordante delle cicale e dal frinire dei grilli, le cose si acquattavano nel buio. L'uomo immerse la mano nel secchio e asperse il bambino con l'infuso. Come d'incanto le cicale si zittirono. Un uccello cantò per tre volte e poi tacque. Un silenzio irreale affondò i denti nello spessore della notte. Il povero Kuaku si contorse a terra sbavando e senza neanche un gemito rese l'anima. Sentirono qualche cosa sgattaiolare furtivamente nel sottobosco con uno squittio malizioso e subito le cicale tornarono a colmare l'aria con il loro cicalio asfissiante.

Briyawo e Ayawa fecero uno passo indietro con un «Oh!» di stupore e di dolore, poi si avvicinarono al piccolo nel tentativo di rianimarlo.

L'uomo, con mano ferma, li bloccò. Grosse lacrime solcavano le gote piene della donna. I suoi singhiozzi nascenti scivolavano attutiti nella notte.

Briyawo rimase impassibile, ammutolito, le braccia penzolanti. Emise solo due sospiri profondi. Pensò: "Il *sé*[8] dà e il *sé* riprende." Non c'era ribellione in lui. Non c'era nean-

---

[8] "Destino" in lingua Ewé.

che rassegnazione. Si passò la mano tozza e ruvida di calli sulla faccia come per scacciare un pensiero. Da contadino sapeva che si poteva lavorare la terra sotto il sole rovente per giorni e giorni e seminarla, ma se l'acqua non arrivava, o se ne arrivava troppa, tutto andava sciupato. Lui non poteva farci niente. La vita è dura. La vita non dà tregua. Non c'era ribellione in Briyawo: il *sé* aveva deciso così.

Girandosi verso la moglie mormorò: «Il *sé* dà e il *sé* riprende.»

Di fronte agli sguardi di spavento e di tristezza della moglie di Briyawo, l'uomo spiegò: «Vostro figlio Kuaku custodiva un demonio. Questo spirito perfido e subdolo contamina il seme dell'uomo. Se non fosse morto, tutti i vostri figli sarebbero nati deformi, come avviene in tante famiglie dove nascono mostri: chi con anche sbilenche, chi con braccia o gambe storte.»

Lì nel bosco lavarono la moglie di Briyawo con l'acqua delle erbe che aveva ucciso il figlio, per purificarla. Fra i singhiozzi della donna, l'acqua gelida, scivolando sul suo corpo, si portò nella terra la maledizione. La terra che non aveva mai rifiutato niente, avida, la inghiottì.

Il corpicino del bambino venne sepolto senza cerimonie, lì, fuori dal villaggio, per non contaminarlo. La madre terra, generosa, l'accolse fra le sue umide braccia.

L'aria era diventata più fresca. Il villaggio, ignaro di tutto, era avvolto nel sonno. Briyawo, sua moglie incinta, il secchio vuoto e l'*hunò* con la lampada, ripresero il cammino per tornare a casa. La luna illuminava tutto a giorno e le loro lunghe e tristi ombre li precedevano sul sentiero sassoso. Tornarono con passi affrettati nel silenzio spezzato dai singulti repressi della donna, che camminava avanti con la schiena ormai vuota, ricurva sotto il peso del dolore.

Quella notte né Briyawo né sua moglie riuscirono a dormire. Si sdraiarono sulla stuoia senza dirsi niente, ognuno assorto nei suoi pensieri. Sapevano di non essere d'aiuto l'uno per l'altra. La solitudine a due è cosa più gravosa di quella affrontata da soli. Lei pianse tutta la notte annusando e stringendo al petto la stoffa con la quale usava portare il figlio.

Passarono mesi e la gravidanza della donna proseguiva. La notizia della scomparsa del bambino destò scalpore in tutto il villaggio. La coppia non fornì spiegazioni a nessuno.

Più di uno in cuor suo se ne rallegrò compassionevolmente per la giovane coppia.

«Forse lo hanno mandato da qualche parente in città.»

«Figurati se quelli in città si prendono un tale peso!»

«Per me lo hanno venduto a qualche ciarlatano.»

Altri insinuarono che il bambino era stato sacrificato in chissà quale cerimonia, a chissà quale spirito, in cambio di chissà che cosa. Testimoni che si dicevano oculari giurarono di averli visti inoltrarsi nel bosco col figlio e il forestiero e descrissero addirittura la cerimonia con dovizia di particolari.

Briyawo e la moglie li lasciarono parlare. La lingua parla, parla, poi avvengono altri fatti e l'interesse della gente si sposta altrove. Alla fine solo chi ha vissuto il dramma se ne porta silenziosamente le cicatrici in fondo all'anima.

Dopo una decina di giorni nessuno parlò più di Kuaku.

Quando Ayawa giunse al termine della gravidanza, l'*hunò* dichiarò a Briyawo: «Il mio *tron* è disposto ad aiutarti, ma in cambio vuole insediarsi presso di te, in casa tua.»

«Cosa?»

«Devi prendere il *tron* con te, se vuoi che tuo figlio nasca vivo e sano!»

Briyawo dovette acconsentire.

L'*hunò* confezionò il primo *vodù* di Briyawo dentro una giara. Per fabbricarlo, vi introdusse erbe magiche, legandole dentro il recipiente di terracotta. Al *vodù* così costituito, egli sacrificò un animale e gli assegnò il nome di Wango. Questo fu il primo *vodù* di Briyawo.

Poi l'uomo prese "qualche cosa" in mano e disse: «Adesso chiudi gli occhi e apri la bocca. Devi inghiottire questo!» L'uomo introdusse "qualche cosa" nella bocca di Briyawo. «Questo ti darà il potere per pronunciare i *gbedidi*,[9] cioè le parole che si incarnano e fanno avvenire i fatti.»

Senza fare nessuna domanda, Briyawo inghiottì. Egli sentì fremere la peluria delle braccia e infiammarsi la gola, poi il calore scese dentro di lui, scuotendolo, invadendolo lentamente, coinvolgendo in un intenso brivido ogni fibra del suo corpo.

«Ora hai per sempre il *vodù* nel ventre. Anche se distruggono la giara, nessuno potrà portar via il tuo potere perché ormai lo custodisci dentro di te. Quando arriverai a casa tua, farai tutto quello che ora io ti dirò. Intanto beviamoci un po' di *sodabi*[10].»

«Con piacere!»

Briyawo stette ad ascoltare tutte le consegne dell'uomo. Un cagnolino scheletrico entrò in cortile e gli annusò i piedi, poi scappò via uggiolando.

Dopodiché il forestiero richiamò e introdusse tutti i poteri del *vodù* Wango nella giara. Briyawo portò Wango in casa sua e fece tutto quanto gli fu raccomandato.

Da prima costruì una capanna nel suo cortile per il *vodù* Wango. Di fronte al *tron* così costituito Briyawo dispose del *goro*[11], e dei bastoncini d'*allillo*[12]. Su questi simboli, che personificavano il *vodù*, egli doveva versare il sangue degli animali sacrificati, per pregare e invocare il *vodù* col suo nome.

---

[9] Parole magiche.
[10] Distillato di vino di palma.
[11] Noci di cola.
[12] Gessetti di caolino.

Dopo aver acquistato il *vodù*, Briyawo non poté più usare tutto ciò che aveva indossato fino a quel giorno. Il forestiero gli aveva ordinato di radunare tutto quello che aveva usato fino ad allora nella vita di tutti i giorni, compresi i suoi vestiti: pantaloni, tessuti, camicie, perfino gli indumenti intimi, di consegnarglieli e di scopare la sua stanza.

Per guadagnarsi i soldi sufficienti per vivere e ricomprarsi un nuovo guardaroba, Briyawo dovette chiedere a sua madre una stoffa da cingersi in vita per andare a vangare i campi di alcuni uomini del villaggio.

Da quel giorno, affermò l'uomo, Briyawo poteva chiamare Wango davanti ai suoi *goro* e *allillo*: egli gli avrebbe risposto.

Tre settimane dopo Ayawa partorì un bel bambino, sanissimo. Lo chiamarono Apédo, "apertura, uscio di casa", perché, con questo figlio, essi entravano in una nuova vita.

Briyawo accettò e fece tutto questo per salvare la vita del figlio Apédo. Per questo, fino a oggi, questo figlio è caro al suo cuore.

L'*hunò* Briyawo

Compiuta l'intronizzazione del *vodù* Wango, Briyawo non sapeva cosa farne: ne ignorava l'uso e non aveva nessuna idea dei suoi poteri.

Il suo primo cliente fu una donna del villaggio incontrata una sera tornando dai campi.

Briyawo tornava sfinito, con la zappa e il machete nella sacca di rafia appesa alla spalla. Il sudore gli rigava la fronte impolverata. Avendo rivoltato il campo tutto il giorno sotto il sole cocente per prepararlo alla semina, le mani erano doloranti e accaldate e le gambe erano coperte di terra.

Si incontrarono al bivio dei sentieri che portavano alle rispettive coltivazioni. Briyawo la conosceva di vista. Sapeva che proveniva dal villaggio di Adéta ed era sposata da un paio d'anni con il figlio maggiore di Adonko, un notabile del villaggio.

«Si è fatta sera!» lo salutò la donna aggiustandosi la stoffa in vita.

«Si è fatta sera!» rispose Briyawo, poi aggiunse: «Ben tornata a te che hai lavorato!»

«Bentornato anche a te!»

«Speriamo che piova quest'anno, altrimenti saranno guai seri!»

«Eh, sì!»

Parlarono della fatica del coltivare la terra, del costo della vita, della difficoltà di vendere i prodotti a prezzo equo. Deplorarono che ormai i giovani della loro età se ne andavano sempre di più verso la città alla ricerca del guadagno facile. Nessuno voleva più stare al villaggio ad affrontare il duro e ingrato lavoro della terra.

«Vogliono tutti lavorare negli uffici.»

«E girare con la moto o in macchina.»

«Eppure, se vogliamo mangiare, qualcuno deve pure piegare la schiena!»

«Certo che la terra è bassa!»

«Sì, la terra è bassa... terribilmente bassa...»

Strada facendo, parlando del più e del meno, la donna gli confidò che non riusciva ad avere figli e aveva paura di essere ripudiata dal marito.

«Ti dico questo perché ho sentito dire che hai un *vodù*.»

«Sì, ho appena acquistato un *vodù*, ma non so ancora come usarlo.»

La donna implorò Briyawo: «*Hunò* Briyawo! So che se preghi il tuo *vodù* per me, rimarrò incinta.»

Era la prima volta che qualcuno si rivolgeva a lui con quel titolo. Ne provò un gran piacere. Briyawo raddrizzò spalle e testa. Il silenzio che seguì la richiesta della donna fu turbato solo dal rumore delle ciabatte che sollevavano la polvere del sentiero.

Prudente, Briyawo rispose: «Ti assicuro che non sono ancora capace!»

La donna insistette con fiducia, nonostante i dubbi e le reticenze dell'apprendista *hunò*.

«Ti prego, aiutami! Non ne posso più di sentire le lagne di mia suocera. Ti prego, aiutami!»

Briyawo poteva facilmente immaginare il calvario di questa donna in casa dell'intransigente Adonko, lontana dal suo paese e per di più sterile.

Alla fine Briyawo si arrese: «Se vuoi, vieni stanotte a casa mia. Proviamo, ma non ti garantisco niente!»

«Oh grazie! Grazie, *hunò* Briyawo! Gli dèi e gli spiriti degli antenati sapranno ringraziarti meglio di me.»

Quando si separarono all'ingresso del villaggio, una certa sensazione di panico mitigò la sua gioia iniziale. Un pensiero gli rodeva in testa come un tarlo: "Cosa dovrò fare?" «Stanotte chiederò l'aiuto del *tron* per la nuora di Adonko!» annunciò alla moglie Ayawa, con voce che suonava disinvolta.

All'ora di cena Briyawo non riuscì a inghiottire cibo. Sentiva crescere dentro di sé una febbrile tensione.

Quella notte Briyawo fece accomodare la donna nella capanna dedicata al *vodù*, pregandola di togliersi i sandali all'ingresso.

Accovacciati sulle pelli di mucca che adornavano il pavimento di terra battuta, Briyawo prese una mezza zucca d'acqua e iniziò a pregare dapprima con voce tremula, poi ferma, e a chiamare il *tron* Wango: «Wango! Wango ti chiamo, il tuo servo e padrone Briyawo ti chiama. Vieni! Questa donna, che vedi qui di fronte a te, è venuta a trovarmi perché il suo ventre non ha ancora dato frutto nonostante sia annaffiato da anni. Come vedi, Wango, questa donna è disperata ed è venuta a chiedere il tuo aiuto. Io, tuo servo, non posso fare niente, ma tu puoi fare tutto, se vuoi. Wango, Wango, è il tuo servo e padrone Briyawo che te lo chiede. Io so che solo tu lo puoi fare, perché tu appartieni a quelli della notte. Noi nella notte vediamo solo ombre. Noi nella notte siamo ciechi. Sei tu che vedi e sai quello che sta succedendo. Tu vedi e noi siamo nel buio. Tu sai dove si trova la luce nelle tenebre. Tu sai quello che bisogna fare per lei. Noi non ne abbiamo la forza. Sei tu che hai la forza e noi siamo nelle tue mani. Wango, metto questo lavoro nelle tue mani: pensaci tu!»

Detto questo Briyawo sputò sette volte nella zucca e diede l'acqua da bere alla donna. Senza esitare, la donna bevve il tutto. Briyawo prese una noce di cola dal mucchio davanti a sé e la condivise con lei. In silenzio la masticarono gustandone il sapore dolce e allo stesso tempo amarognolo.

Quella notte Briyawo non fece nient'altro. Congedandosi, la donna riaffermò all'incredulo apprendista *hunò*: «So di certo che rimarrò incinta. Ora ne sono sicura.»

Di fatto, il mese seguente la donna non vide la luna[13]. Della semplice acqua in una mezza zucca aveva fatto quella meraviglia. Fu lì che Briyawo seppe di possedere davvero un tesoro. E così si consacrò e iniziò a dedicarsi totalmente al *vodù* Wango, tralasciando i lavori dei campi che sempre di più andarono a gravare sulle spalle della moglie.

Briyawo aveva acquistato il *vodù* Wango per salvare la vita del figlio Apédo. Col tempo Briyawo acquistò altri *vodù*.

Comunque, da quando Wango aveva preso dimora presso di lui, tutti i figli di Briyawo nacquero vivi e sani. Briyawo ebbe quattordici figli con quattro diverse donne. L'unico mancante era quel bimbo deceduto nel bosco dopo l'aspersione. Gli altri tredici figli di Briyawo sono tuttora in vita.

---

[13] Non ebbe le mestruazioni.

I primi guai

Quando prese con sé il primo *vodù*, Briyawo viveva a Todji, un villaggio abbarbicato sulla montagna confinante col Ghana. Per vivere, oltre al lavoro dei campi, Briyawo usava comprare merce a Kpedjé, dall'altra parte della frontiera, per rivenderla in paese. Era un frontaliere di frodo.

Un giorno portò da oltre confine una partita di machete per Kokutsè, un commerciante. Questi, dopo averli venduti, non lo pagò, adducendo la scusa di non essere stato ancora pagato dal suo cliente. Dopo due mesi di paziente attesa, Briyawo andò a indagare da quest'ultimo e scoprì che l'uomo di fatto aveva già saldato il suo debito da oltre tre settimane.

Briyawo, sentendosi preso in giro, non ci vide più dalla rabbia. Era furioso non tanto per via dei soldi quanto per l'inganno. L'idea che Kokutsè avesse potuto pensare di essere più furbo di lui gli si contorceva dentro.

"Ah! È così?" continuava a dirsi con rabbia crescente sulla strada che lo portava a casa, prendendosela con se stesso. "La devo smettere di fidarmi ciecamente di tutti!"

Di ritorno al villaggio, Briyawo si sedette sotto la tettoia di paglia nel cortile e mandò il nipote Kossivi a chiamare Kokutsè. Con voce che voleva essere calma, ma con gli occhi arrossati che sprizzavano fulmini repressi, esordì senza preamboli: «Kokutsè, dammi i miei soldi!»

«Quante volte devo dirti che aspetto di essere pagato!» rispose l'altro con stizza.

«Beh, non ti credo!»

«Eppure è la verità!»

«Quale verità? Il tuo cliente giura di averti pagato, la tua lingua canta il falso: dammi i miei soldi!»
Briyawo si era alzato per urlarglielo in faccia, agitando minacciosamente i pugni stretti.

Fu allora che Kokutsè, fingendosi indignato, scattò a sua volta dalla sedia, andò verso l'ingresso del locale consacrato al *tron* e strappando una paglia dal tetto giurò: «Se è vero che c'è un *vodù* dentro questa capanna, lui senza nessun dubbio vede dentro di me. Se è vero che io, Kokutsè, figlio di Djamatò, ho ritirato i soldi dal mio cliente e nonostante questo sto qui a mentire di non averli avuti, questo *vodù* non ha che a guardarmi in pancia.»

Le sue parole di sfida si cristallizzarono nell'aria afosa. Una grossa lucertola dalla testa rossa sgattaiolò frusciante nella paglia del tetto.

Per sigillare il tutto Kokutsè spezzò in due la pagliuzza e ne lanciò una metà a destra e l'altra a sinistra. Girando le spalle con fare altezzoso se ne andò senza aggiungere nient'altro, lasciando Briyawo shoccato, a bocca aperta e con le braccia penzoloni.

Il settimo giorno da questa intimazione al *vodù* Kokutsè morì, con la pancia gonfia e dolori atroci. Il suo cadavere emanava un fetore insopportabile. Un cadavere, per fortuna, non sente la propria puzza. I parenti dovettero seppellirlo in fretta e furia senza esporlo né tanto meno fare tutte le cerimonie di circostanza.

Dopo la sua morte, come d'usanza al villaggio, si indagò dall'indovino per cercarne la causa: nessuno in Africa muore di morte naturale.

Durante il *nukaka*[14], lo spirito di Kokutsè, il commerciante, parlò: «Riguardo ai soldi che Briyawo è venuto a riscuotere per i suoi machete, riconosco di averli ricevuti

---

[14] Seduta divinatoria.

dal mio cliente e di averli mangiati: erano nella mia pancia quando ho chiamato il *vodù* come testimone. Per punirmi della mia insolenza, il *vodù* mi ha ucciso. Quando il *vodù* mi ha guardato nel ventre, egli ha saputo che davvero avevo ricevuto quei soldi ed è per questo che il *vodù* mi ha ucciso. Il *vodù* di Briyawo è davvero un *vodù* potente. Sì, è vero, ho offeso il *vodù* di Briyawo ed egli mi ha punito.»

Offuscati dal dolore e rabbiosi per la rivelazione, i familiari di Kokutsè chiamarono Briyawo a giudizio da suo padre, che era il re del villaggio di Todji. Il re Ebri, che era un uomo stimato, temuto e rispettato da tutti per la sua saggezza, per garantire l'equanimità di giudizio, a sua volta convocò all'alba il consiglio degli anziani, affidando loro il giudizio e rifiutando di pronunciarsi sull'argomento.

Il consiglio di Todji, i cui membri temevano Briyawo ed erano in fondo gelosi del suo potere, dopo tre giorni di consultazione, sentenziò che il suo *vodù* era un *vodù* assassino. Era un *vodù* pericoloso per il villaggio. Durante le sedute dell'assemblea, qualcuno accennò addirittura alla scomparsa misteriosa del suo primogenito. Di certo Briyawo l'aveva immolato ai suoi *vodù* per compiacerli.

Nessuno parlò in sua difesa. Anzi, durante il consiglio tutti fecero a gara nel riportare eventi uno più fantastico e terrificante dell'altro! Amétépé ricordò le sue malefatte fin da piccolo. Papà Adelan, il vecchio cacciatore, ricordò delle voci diffuse nel villaggio riguardanti misteriose cerimonie in cui Briyawo si trasformava in un essere immondo metà serpente e metà iena e con ali d'avvoltoio. Per concludere, Amétépé, con voce tremolante, giurò di averlo sorpreso una notte con lo sguardo fosforescente e l'alito fumante uscire dalla stanza dei *vodù*...

Una volta che il bufalo è ferito, compaiono molti coltelli.

Al calare del sole del terzo giorno, dopo aver ingurgitato l'ennesimo litro di *sodabi*, il dibattito si concluse. Amétépé, riassumendo il pensiero di tutti, sentenziò: «Con questo tragico evento, il male ha macchiato il nostro villaggio. Da allora la pioggia non ha più annaffiato i nostri campi, le nostre bestie muoiono e il nostro torrente si è ridotto a un esile rigagnolo. La nostra decisione deve essere esemplare e sappiamo che la piaga infetta può guarire solo se le dita spremono con forza per fare uscire il pus dalla ferita.»

Briyawo fu convocato per sentirsi ordinare di portare il *vodù* fuori dal villaggio.

L'anziano Agbanavon fu esplicito: «Se non vuoi portare il *vodù* fuori dal paese, non ti rimane che andartene con lui.»

Briyawo cercò di difendersi e discolparsi: «Fu Kokutsè a provocare il *vodù* con la sua scommessa! Io non c'entro niente! Mi dispiace per lui e i suoi parenti, ma ha pagato per la sua disonestà. Io non posso più fare niente per lui. Non si scende nella tomba con il morto che si accompagna. Ho speso tanto per avere questo *vodù*! È questo *vodù* che mi ha permesso di avere dei figli sani! È questo *vodù* che mi protegge nel mio commercio e mi fa passare la frontiera senza che i doganieri mi vedano! Il *vodù* li addormenta quando vado e, al ritorno, passo vicino a loro e non mi vedono. È lui che soffia il vento nelle loro orecchie e non mi sentono. Non potete chiedermi di abbandonare il mio *vodù*!»

Vana fu la sua requisitoria: nessuno era disposto ad ascoltarlo. Il re Ebri era lì seduto ad ascoltare, il mento appoggiato sulla mano. Suo padre non intervenne per volontà d'imparzialità. Inoltre, nella sua saggezza e grande conoscenza del genere umano, egli sapeva che qualunque cosa avesse detto si sarebbe ritorta contro di lui e suo figlio.

Briyawo percorse tutta l'assemblea con lo sguardo furibondo. Nessuno osò sostenere quello sguardo: quasi tutti tenevano la fronte abbassata, alcuni assumevano un'espressione vitrea, persa nel nulla.

Di fronte alla loro ostinata decisione, con la morte nell'anima, Briyawo parlò, guardandoli uno per uno: «Preferisco andarmene col mio *vodù*: è lui che ha mantenuto in vita i miei figli. Preferisco andare altrove a fare il mio *vodù* per tenere i miei figli in vita. Se dovessi abbandonarlo ora e lui per rabbia mi portasse via i miei figli lasciandomi solo, cosa sarei venuto a fare su questa terra? Che senso avrebbe la mia vita? A che serve un albero che non dà frutto? Sapete tutti che da vecchi ci si riscalda con la legna raccolta in gioventù! Me ne andrò col mio *vodù*!»

L'indomani all'alba, quando il villaggio era ancora sospeso nella nebbia delle nuvole, con la rugiada addormentata sulle foglie degli alberi, Briyawo dovette andarsene con i suoi quattro figli.

Con lui se ne andò tutta la sua famiglia, fratelli e sorelle, compreso suo padre. Costui, che era un sovrano amato e rispettato, si fece destituire dichiarando: «Vi lascio la mia sedia: una grande sedia non fa un grande capo. Se mio figlio, carne della mia carne, deve essere strappato a questa terra, allora è giusto che io lo segua piuttosto che strapparlo dalla mia carne!»

All'uscita del villaggio, l'ex-sovrano si tolse i sandali e li sbatté per toglierci simbolicamente la terra, imitato da tutta la sua famiglia. Un cane scheletrico addormentato sul ciglio della strada socchiuse un attimo le palpebre, poi rassegnato le richiuse per tornare a sognare.

Quello fu un giorno triste per il villaggio di Todji. Ancora oggi gli anziani se lo ricordano.

Dugà

Briyawo, suo padre e sua madre, la sua famiglia, fratelli e sorelle, lasciarono Todji e scesero dalla montagna. Il sole rimpiccioliva le ombre confinandole vicino ai piedi quando giunsero a Dugà, grondanti di sudore ed impolverati. Si fermarono lì, perché era il luogo d'origine dei fondatori di Todji. Todji, infatti, prima di essere un villaggio, era una campagna coltivata dagli abitanti di Dugà. Col tempo, alcuni rimasero lì per la notte e, poco a poco, vi si stabilirono definitivamente. Quindi le famiglie di Dugà e Todji erano imparentate.

Scendendo da Todji, dopo una curva, essi scorsero le case rettangolari di Dugà. Capanne in fango grigio intarsiato di pietra, coperte di paglia, adagiate ai piedi della montagna con delle strettissime stradine sassose che disegnavano un labirinto che si ricongiungeva alla strada principale portando alle rive dell'Adédjé.

Gli abitanti di Dugà non permisero a Briyawo di attraversare il fiume Adédjé per oltrepassare il loro villaggio. Gli fu dato un appezzamento ad Atsrévié, rione di origine della madre di Briyawo, il quartiere del *sohafiò*[15]. In attesa della costruzione delle case, la famiglia di Briyawo, i suoi genitori e i fratelli, compresa sua sorella Mambono con i figli Mambo, Kossivi e Gbédé, trovarono ospitalità presso diversi parenti.

In quell'epoca vi erano diversi capi nel villaggio di Dugà: uno ad Atramé, uno ad Amakarandu e uno ad Atsrévié. An-

---

[15] Il capo dei giovani.

che se Amakrandu era il quartiere del *dutò*[16], il vero capo villaggio dimorava nel quartiere reale di Atramé e il capo di Amakrandu era come il suo vice. Il quartiere d'Atsrévic era quello del capo dei giovani.

Appena la famiglia di Briyawo iniziò i lavori per la costruzione di una casa ad Atsrévié, i familiari del lato paterno che vivevano nel quartiere reale di Atramé si ribellarono: «I loro padri hanno visto il giorno qui ad Atramé, quindi appartengono al quartiere reale. Perché mai devono installarsi nel quartiere della madre ad Atsrévie?»

Fu così che, loro malgrado, i parenti del ramo materno di Atsrévie dovettero rinunciare e Briyawo andò a insediarsi ad Atramé con tutta la sua famiglia.

Poiché non volevano sentirsi da meno, quelli di Atsrévie decisero che avrebbero contribuito alla costruzione della dimora familiare. Il capo d'Atsrévié, che organizzava i giovani per sistemare i sentieri o eseguire i grandi lavori comunitari nei campi, chiamò i giovani a raduno. Scelsero di iniziare il giovedì seguente al loro arrivo e tutti diedero una mano.

Iniziarono all'alba per sfruttare il fresco della mattina. Per costruire le capanne, gli uomini si accollarono i lavori più pesanti: liberarono l'appezzamento dai cespugli, scavarono le fondamenta, recisero alberi, rami e paglia, mentre i bambini miscelavano il fango con i loro piedini e le donne portavano i ramoscelli e la paglia. Il tutto fra canti e risa per le battute a doppio senso degli uomini e delle donne, che non erano da meno, anzi!

Quando le ombre accorciate del mezzodì giunsero ai piedi, le donne pestarono nel mortaio i tuberi di manioca bollita per fare il *fufu*[17]. Il piatto fu accompagnato col sugo fu-

---

[16] Il proprietario del villaggio.
[17] Pestato d'*igname* (tubero dal gusto simile alla patata) o di manioca bolliti.

mante a base di pomodori, spezie piccanti, carne di capra e di gallina. Tutti condivisero il pasto in allegria prima di riprendere il lavoro fino a sera.

Dopo una settimana di lavoro le capanne furono pronte per tutta la famiglia.

Una sposa per Kossivi

Passarono gli anni, le stagioni si susseguirono intrecciando gli eventi lieti a quelli dolorosi e il ricordo di Todji rimase nella loro memoria solo come la cicatrice di una vecchia ferita.

I genitori di Briyawo attraversarono il fiume della vita per raggiungere gli antenati. I fratelli e le sorelle si sposarono e ognuno rincorse il filo del suo destino. Nella casa di Dugà rimasero solo Briyawo, la sua famiglia e la sorella Mambono.

Fin da piccolo, Briyawo nutriva una preferenza per la sorella maggiore Mambono e di riflesso coccolava il nipote Kossivi più degli altri.

Kossivi, già all'età di sette anni, era invaso dallo spirito dell'Adédjé in piena.

A quell'età suo padre se n'era già andato a *sofé*[18], lasciando la moglie con tre bocche da sfamare: Mambo, la maggiore (che con la sua nascita aveva imposto il nome a sua madre), Kossivi e il fratellino Gbédé appena nato.

Il pover'uomo si era tagliato incidentalmente nel campo e la ferita trascurata si era infettata.

In pochi giorni se ne era andato dopo una febbre accompagnata da forti convulsioni che gli avevano irrigidito e inarcato tutto il corpo.

Come voleva la tradizione, fu rasata la testa alla vedova, che fu reclusa per tre giorni. Poi per tre mesi lei dovette

---

[18] Sorgente di vita.

vestirsi unicamente con un *pagne*[19] nero cinto alle anche e con un filo di cotone, l'*ahoka*[20], legato in vita.

Da allora Briyawo si prese cura di loro. Kossivi era un bimbo irrequieto e vivace. Le regole non erano fatte per lui. Non osava rispondere ai rimproveri, ma tutto in lui urlava ribellione. Con i piedini piantati in terra, le mascelle strette e gli occhioni neri sotto la fronte aggrottata, fissava con sfida chiunque.

Se è vero che "il bastone piega la schiena ma non il difetto", ciò non si applicava a lui: teneva la schiena rigida e non versava neanche una lacrima sotto la pioggia di colpi che sua madre ogni tanto gli somministrava. Sembrava anzi rinvigorito da ogni colpo.

I suoi passatempi preferiti erano arrampicarsi sugli alberi – non ne risparmiò nessuno – e con la fionda tagliare la coda ai lucertoloni. Saliva, nonostante il divieto, sui rami degli alberi curvi sulle rive dell'Adédjé, da dove si tuffava nelle sue acque col rischio di spaccarsi la testa sui sassi.

Era tempo perso chiedere un servizio a Kossivi. Faceva orecchie da mercante o scompariva quando c'era bisogno di aiuto. Le sue liti con la sorella Mambo erano memorabili. Fosse anche solo per dividere la crosta bagnata di polenta nel fondo della pentola, la discussione finiva in un impasto di ingiurie, sassate, pizzicotti e unghiate. L'unico che riusciva ad ammansirlo – non sempre comunque – era suo zio Briyawo.

Briyawo lo portava con sé durante le sue cerimonie, nei campi di cacao e caffè e in alcuni dei suoi viaggi. Era convinto che l'intelligenza fosse un frutto che si raccoglie nel giardino del vicino e che è solo viaggiando che si trova la saggezza. Di fatto, il piede che rimane in casa non ci riporta niente.

---

[19] Pareo.
[20] Corda di vedovanza.

Quando Kossivi fu in età di prendere moglie, Mambono chiese a suo fratello di cercargli una brava ragazza.

«Forse una donna riuscirà a raddrizzarlo!»

Un giorno, Briyawo e il nipote Kossivi andarono a riscuotere del denaro a Tovue, a circa cinque chilometri da Dugà.

Tovue era uno di quei tipici villaggi compositi della regione di Kpalimé. Di fatto, erano tre villaggi attaccati l'uno all'altro e divisi senza limiti ben definiti in Tovue-Agbessia, Tovue-Djigbé e Tovue-Ahundjo.

Quando partirono all'alba, il cielo era già nuvoloso e ben presto una forte pioggia iniziò a frustarli a metà strada. Si rifugiarono fradici sotto le foglie di banana. L'aria impregnata di umido era odorosa di erbe e terra bagnata. Una farfalla gialla e nera svolazzava attorno a loro. Stormi di uccelli bianchi cercavano rifugio sui rami alti. Dietro i cespugli le rane gracidavano festosamente.

Improvvisamente come era venuta, la pioggia cessò, il cielo si schiarì, raggi luminosi perforarono le nuvole e un sole caldo fece fumare i loro vestiti. Giunsero asciutti a Tovue.

Dopo aver ritirato i soldi, giacché era giorno di mercato, si fermarono in piazza a mangiare sotto una capanna di paglia improvvisata a ristorante.

Le fiamme leccavano avidamente il fondo delle marmitte sui focolai. Dei polli legati per le zampe razzolavano in terra. Un fresco venticello soffiava. Un geco sfrecciò frusciante nella paglia della tettoia distruggendo delle ragnatele.

La ragazza che li serviva aveva due occhi neri da cerbiatta e un sorriso raggiante. Le sue belle gambe affusolate andavano e venivano instancabilmente fra i tavolini. Era strettamente avvolta in un *pagne* multicolore che metteva in risalto le sue giovani e sode grazie.

Quando portò l'acqua col sapone per lavarsi le mani prima del pasto e si abbassò per posare il catino, Briyawo notò lo sguardo insistente con cui il nipote scrutava la fanciulla, indugiando oltre le gocce di sudore che le imperlavano la nascita dei seni.

Kossivi era così assorto che la fanciulla dovette ripetergli per ben due volte: «Che cosa vuole mangiare? Abbiamo della polenta di mais fermentata, polenta di farina di manioca, *fufu* d'*igname* con sughi di pesce, di capra o d'*aguti*[21].»

«...»

«Kossivi» ironizzò lo zio, «la ragazza non è mica da mangiare!»

Lei abbassò pudicamente lo sguardo assieme alle lunghe ciglia a ventaglio.

«Ah sì!» disse confuso il nipote che balbettando concluse: «Prendo la stessa cosa che ha scelto lo zio!»

«Non ho ancora scelto niente!»

Briyawo e la ragazza scoppiarono in fragorose risate. Kossivi abbozzò un sorriso impacciato e dopo un attimo d'imbarazzo si lasciò travolgere dalla loro ilarità ridendo anche lui di buon gusto.

Quel giorno Kossivi, che solitamente leccava il piatto con le dita, non mangiò quasi niente: Amavi – così si chiamava la ragazza – lo aveva stregato a prima vista. Briyawo lo sbirciava cercando di nascondere il suo sorriso divertito.

Dopo pranzo, ripresero la strada per Dugà. Durante il viaggio di ritorno e i giorni seguenti Kossivi non fece altro che parlare di Tovue e di quella ragazza. La lingua tende sempre a portarsi là dove manca il dente. Qualunque argomento era buono per inserirla nel discorso.

Iniziava: «Zio, ti ricordi quella volta a Tovue?» Oppure: «Ah, quel sugo di *fufu* di Tovue!»

---

[21] Roditore selvatico.

E a sua sorella: «Ti vuoi sbrigare? Sei una fannullona, dovresti vedere come lavorava quella ragazza a Tovue. Lei sì che è una donna...»

Quando alla fine del mese Briyawo annunciò di doversi recare a Tovue per affari, il giovane si offrì con entusiasmo di accompagnarlo. Per l'occasione si agghindò col suo vestito più bello.

In strada lo zio dovette supplicarlo di rallentare l'andatura: «Guarda che Tovue non scappa e... tanto meno la ragazza del ristoro!»

Lui si fermò e si girò per guardarlo con imbarazzato stupore. Divertito Briyawo pensò: "È proprio dei giovani credere che il mondo sia nato con loro..."

Il mese seguente, Briyawo andò a Tovue a chiedere ai genitori di Amavi la mano della giovane e bella fanciulla, per il nipote Kossivi, figlio di sua sorella Mambono di Dugà.

La *tronsì*

Amavi proveniva da Tovue-Agbessia e per sposarsi si era trasferita a Dugà. La festa delle loro nozze fu memorabile: Briyawo non lesinò sulla spesa e ancora oggi tutti se ne ricordano. Amavi si confermò una ragazza laboriosa, servizievole, rispettosa e di carattere mansueto. Era ben voluta da tutti. Era sempre disponibile, socievole e generosa.

La giovane coppia si installò in una casa non lontana da quella di Briyawo. Kossivi si mise a coltivare con impegno il campo che lo zio gli aveva regalato per le nozze. Era cambiato. Lui e la giovane sposa partivano all'alba per andare a lavorare e tornavano solo la sera. Ma ogni giorno, prima che venisse notte, passavano a salutare lo zio o a portare qualche tubero o delle spezie del loro campo alla madre di Kossivi.

Una sera avvenne un fatto eccezionale che segnò in modo indelebile il destino della coppia.

Al ritorno dai campi, Kossivi e Amavi andarono a visitare Briyawo e lo aspettarono seduti in cortile. Lo zio infatti era nella capanna del *vodù* Wango a chiedergli di intercedere per la guarigione di un fanciullo portato dal villaggio di Kussuntu, distante una ventina di chilometri. Nel cortile, alcuni parenti del ragazzo erano seduti vicino all'ingresso della capanna a parlottare a bassa voce.

Si sentiva il suono ripetitivo del tam tam col quale l'*hunò* puntualizzava ogni sua richiesta. Fuori, Kossivi stava conversando con sua madre quando, di colpo, come un automa,

Amavi si alzò, si mise a cantare e poi girando su se stessa come una trottola impazzita, avanzò in direzione della capanna.

Kossivi la guardava sbalordito perché aveva capito che era posseduta dal *vodù*.

Briyawo la vide entrare con una risata strana dal tono maschile e avvicinarsi al ragazzo sdraiato sulle pelli.

La donna si fermò e appoggiò dolcemente la mano destra sulla sua fronte. Con forza inaspettata lo sollevò con una mano sola per farlo drizzare in piedi e con una strana voce imponente gli ordinò: «Adesso cammina!»

Il ragazzo dapprima ciondolò a destra e a sinistra, poi si avviò e fece quattro, cinque passi prima di crollare a terra.

Amavi subito dopo svenne.

Tutti quelli che erano in casa, richiamati dalle grida isteriche di Kossivi: «Il *vodù* l'ha presa! Il *vodù* ha preso Amavi!», si riversarono all'ingresso della capanna.

Poi, piano piano lei rinvenne, le labbra imperlate di sudore, e si guardò attorno con uno sguardo impaurito. Un silenzio irreale aleggiava nella stanza.

Imbarazzata, Amavi abbozzò un timido sorriso mentre con gli occhi cercava il viso del marito che, avvicinatosi, la prese per le spalle aiutandola a sedersi.

«*Fo*, cos'è successo?» chiese lei nello stupore generale

«Il *vodù* ti ha preso» rispose lui

Lo zio gli fece eco: «Amavi, il *vodù* Wango ti ha preso!»

Fu così che il *vodù* Wango visitò per la prima volta Amavi. Kossivi dapprima ne fu spaventato, poi pian piano ne diventò orgoglioso.

Sì, era davvero fiero che sua moglie fosse prediletta dagli dèi. Come dicono gli Ewé: «Non è perché si è parenti del guaritore che lo si è delle sue pozioni, ma quando la bocca è piena, anche la barba riceve le briciole», Kossivi si godeva la sua briciola di gloria.

Senza volerlo, senza cercarlo, Briyawo aveva scoperto una sacerdotessa, una *tronsì* per il suo *vodù* e ne era davvero felice.

Da quel giorno il *vodù* prese a visitare Amavi a qualunque ora del giorno e ovunque ella si trovasse.

Addirittura, quando tornava al suo villaggio natale di Tovue-Agbessia, il *vodù* andava a prenderla e la riportava a Dugà. Il *vodù* la cavalcava con una tale potenza che nessun *vodù* scendendo su qualcun altro poteva competere con lei.

Quando il *vodù* la prendeva ad Agbessia, lei si incamminava a piedi per cinque chilometri con grandi falcate fino a Dugà. Quando entrava in trance, lo sguardo le diventava fermo, mentre il passo possente, veloce e mascolino, disegnava orme nette e profonde sul suolo. Anche gli uomini facevano fatica a seguirla.

A volte il *vodù* la svegliava, facendola sussultare e saltare giù dal letto e lei intonava una melodia fino ad arrivare nella casa del *tron*.

Briyawo spesso veniva risvegliato dal suo canto, capiva che il *vodù* era arrivato e quindi si alzava per officiare.

A volte Briyawo non riusciva a capire ciò che diceva il *vodù* e in quei casi il *vodù* addosso ad Amavi si recava da solo a cercare le erbe nella foresta, senza portarsi dietro il suo *hunò*.

Una volta Briyawo si lamentò con il *vodù* di essere spesso ignorato da lui nella ricerca delle erbe e di essere tenuto all'oscuro su alcuni procedimenti di manipolazione.

Egli rispose: «Ti nascondo alcune cose perché tu parli troppo! Se ti mostrassi tutto, andresti a insegnarlo ad altri invece di tenerlo segreto. Sei troppo chiacchierone!»

È per questo che Briyawo non conosceva da sé le erbe per alcune malattie, pur avendo contribuito con il *vodù* a guarirle.

Oltre il *vodù* Wango, Briyawo un poco alla volta acquistò a Dugà altri *vodù* dai nomi *haussa*[22]: Sakra, Benglé, Kundé, Abriwoa, Sugna, Dagazum, Ghelia, Noesi, Tsenghe, Gludza, Apiah, Agzim, Azim, Abossumehemi, Zamantili, Sodja, Katinka. Il più potente di tutti era il *vodù* Benglé.

Amavi veniva svegliata dal vodù Benglé che non aspettava di essere chiamato: appena sapeva che qualche cosa stava per accadere si manifestava da sé, a differenza degli altri *vodù* che dovevano essere chiamati con balli, canti o suoni di tamburi.

Talvolta di notte il *vodù* faceva da sé. Si sentiva suonare il tamburo dentro la capanna consacrata ai *vodù*. Appena si entrava, la musica cessava, ma dentro il locale non c'era nessuno: solo i tamburi.

La gente dalle case vicine sentiva il tamburo e accorreva pensando che Briyawo stesse facendo cerimonie, ma lì dentro non c'era nessuno perché il *vodù* è solo spirito, come il vento che soffia ma non si vede. I vicini, vedendo il buio nel cortile, se ne tornavano a dormire.

Il mattino seguente Briyawo si sentiva interpellato per strada: «Che cosa hai fatto stanotte?»

«Stanotte? Non ho fatto niente stanotte!» rispondeva lui

«Ma abbiamo sentito battere il tamburo in casa tua fino a notte fonda!»

«Ah sì? Io non ho sentito niente.»

Capitava a Briyawo e alla sua *tronsì* di essere chiamati in diverse località per festeggiare il *vodù*. Quando in quelle occasioni il *vodù* Benglé colpiva Amavi ed ella entrava in trance, la sua presenza era così imponente che tutte le altre *tronsì* in preda ai loro *vodù*, impressionate, uscivano subito di scena lasciandola sola nel cerchio.

---

[22] Etnia e lingua della Nigeria.

Davvero Amavi faceva cose straordinarie quando era posseduta dal *vodù*. Faceva cose che una persona normale non poteva fare: era capace con un balzo di raggiungere il tetto di una casa o di aggrapparsi a un ramo d'albero e tutti trattenevano il respiro temendo, visto il suo peso, che cadesse o che si rompesse l'albero.

A seconda del *vodù* che la colpiva, lei assumeva atteggiamenti diversi. Quando era posseduta dal *vodù* Dan, quello del serpente, strisciava a terra e ingoiava al volo le uova intere che le lanciavano. Era davvero uno spettacolo affascinante e raccapricciante vederla inghiottire le uova proprio come un serpente.

La gente in un primo momento rimaneva lì intimorita e ammutolita in religioso silenzio. Si udivano solo soffocate esclamazioni di meraviglia. Poi, dopo il terzo o quarto uovo, gli applausi scrosciavano attorno al cerchio.

«Il *vodù* è davvero dentro questa donna!» esclamavano i presenti.

Quando poi impugnava una bottiglia piena di *sodabi* e ne ingoiava il contenuto senza fiatare, tutti rimanevano a bocca aperta. Mai e poi mai un uomo nato da donna, e ancora meno una femmina, poteva compiere un tale prodigio se non era posseduto da uno spirito.

La cosa più straordinaria era che, una volta lavatale la testa con l'acqua delle erbe grasse per liberarla dal *vodù*, lei tornava la donna mite e gentile di sempre. Tornata in sé, Amavi non era ubriaca e nemmeno presentava l'ombra dell'ebbrezza.

Il *vodù* Benglé era il capo di tutti i *tron* di Briyawo, un *vodù* forte ed esigente. Era il *vodù* principale che colpiva Amavi. Ma altri *vodù* minori potevano presentarsi e quello che si manifestava si faceva sempre riconoscere con un suo segno particolare. *Vodù* Benglé si presentava spesso danzando con le sue armi da guerra o da caccia: frecce, *apiah*[23], machete, *efia*[24], *ekpokodro*[25]. Le sue mosse erano virili e possenti: faceva roteare Amavi su se stessa, come una trottola, per più di dieci minuti e senza farla cadere. Davvero il *vodù* Benglé era potente!

---

[23] Macete ricurvo all'estremità.
[24] Ascia.
[25] Zappa dal manico lungo.

La sposa degli dèi

Erano passati tre anni da quando il *vodù* si era impossessato di Amavi e la sua fama – e quindi quella di Briyawo – si era estesa oltre i confini del paese.

Ogni giorno la gente accorreva da qualsiasi parte e Briyawo era temuto e rispettato da tutti. Il cibo non mancava in casa di Briyawo né in quella del nipote Kossivi.

Eppure Amavi serbava nel cuore una profonda tristezza che traspariva solo nei suoi occhi: la pantera ha le sue macchie sulla pelle, l'uomo le ha dentro di sé.

Dopo oltre tre anni di matrimonio, la coppia non riusciva ad avere figli e Kossivi, pressato dalla madre, stava maturando l'idea di prendere una seconda moglie. L'anziana non smetteva di ripetergli: «Figliolo, non si può raccogliere dell'acqua con un cesto: prendi un'altra donna! Una donna con i fianchi larghi che ti possa dare tanti figli. Lo sai che la figlia di...»

Ma siccome Kossivi era molto legato ad Amavi, chiese aiuto allo zio Briyawo che a sua volta si rivolse ai *vodù*. E per dare un figlio ad Amavi il *vodù* Benglé dovette intervenire di persona.

Benglé chiese che Amavi fosse rinchiusa nella sua casa per nove giorni. E così fu fatto.

Il *vodù* ordinò a Briyawo di preparare ogni mattina per Amavi un pollo con le erbe medicinali e ogni giorno Amavi dovette mangiarlo intero. Dopo nove giorni, a conclusione della cura, fu sacrificato un montone ai *vodù* per ringraziarli.

Al nono giorno, a mezzanotte, il *vodù* scese su Amavi e la trascinò con passi potenti, seguita da Briyawo, fino alle sponde dell'Adédjé, e lì avvenne tutto.

Al loro passaggio, due cani intenti ad accoppiarsi si separarono in fretta e furia con latrati stridenti. Il buio era fitto. Il fiume sembrava aver rallentato il suo corso. Le rane smisero di gracidare. Solo le zanzare ronzavano fastidiosamente.

Più tardi tornarono sconvolti, ma mai nessuno di loro raccontò veramente quello che era successo al fiume. Tutt'oggi rimane un mistero. Briyawo si accontentò di annunciare che ormai Amavi era divenuta la sposa del *vodù* Benglé. Da quel giorno, Amavi divenne la sposa degli dèi.

In quel mese non vide la luna: rimase in stato interessante e generò Koffi che fu l'unico suo figlio.

Ci fu una grande festa per il lieto evento. Giunsero parenti da ogni parte: si mangiò, si ballò e si cantò per tutto il giorno. Kossivi era ubriaco di gioia e non solo.

Amavi diventò ufficialmente la *tronsì* dell'*hunò* Briyawo. Fu allora che avvenne la vera iniziazione. La donna in trance gli rivelò tante cose.

Così Briyawo seppe che per invocare il *vodù* doveva prendere una bottiglia di gin e spargerne qualche goccia sui gessetti per salutare il *vodù*, poi versare dell'acqua in una mezza zucca. Egli afferrava un *allillo* di fronte al *vodù* che voleva interpellare, lo scioglieva nell'acqua e iniziava a chiamarlo a più riprese col suo nome chiedendogli di manifestarsi. Dopodiché Briyawo faceva bere *l'allillo* sciolto in acqua alla *vodussì*[26]. Con lei in piedi, egli versava ciò che restava della miscela sui suoi alluci uniti. Poi, tenendo la *tronsì* per le spalle, la spingeva verso una sedia per sette volte, facendola sedere effettivamente solo alla settima volta. Quindi tornava di nuovo a invocare il nome del *vodù*

---

[26] Sacerdotessa del *vodù*, sinonimo di *tronsì*.

accompagnando le parole con il suono di un campanello. Dopo qualche minuto il *vodù* si impossessava del corpo di Amavi, come il vento spalanca una porta, come la scintilla infiamma il legno secco, come la luce squarcia il buio della notte.

Prima di entrare nella *tronsì*, il *vodù* ne sostituiva il *klà*[27]. È il *klà* che ci fa parlare normalmente facendoci esprimere i nostri pensieri e le nostre sensazioni nella nostra lingua, con il nostro linguaggio. Il *vodù*, prima di entrare in lei, scartava il suo *klà*, poi entrava in lei e Amavi iniziava a trasmettere i pensieri del *vodù*, parlando la lingua del *vodù*: l'*haussa*, perché il *vodù* di Briyawo veniva dalla Nigeria dove una parte della popolazione parla questa lingua. Amavi stessa non sapeva l'*haussa*. All'inizio della sua carriera di *hunò*, nemmeno Briyawo lo conosceva alla perfezione ma un poco per volta, vuoi perché il *vodù* insisteva usando la mimica e la gestualità fino a farsi capire, o vuoi perché, a forza di ripetere sempre le stesse parole, anche Briyawo cominciava a capire meglio questa lingua.

La lingua usata da una *tronsì* permetteva di distinguere gli *alakpa vodù*[28] dai veri posseduti. Colui che ha dentro di sé il proprio *klà* continua a parlare la propria lingua, il proprio dialetto. Se finge la possessione, non riesce a parlare a lungo integralmente la lingua del *vodù* e si tradisce introducendo inconsciamente la propria lingua o dialetto.

A volte, in una seduta con diversi invasati, per distinguere gli *alakpa vodù* da quelli veri, si trita del peperoncino piccante (quello piccolino) con acqua e si chiede agli spiritati di tuffarci le mani e di lavarsi la faccia con gli occhi aperti. A volte viene loro chiesto di lavarsi gli occhi con della grappa di vino di palma, il *sodabi*, oppure con del pro-

---

[27] L'anima.
[28] Falsi *vodù*.

fumo. Gli *alakpa vodù* scappano subito, oppure urlano come ossessi, strappandosi le vesti di dosso. I veri posseduti non battono ciglio.

Quando il *vodù* si impadroniva di Amavi, lei non sapeva più cosa faceva. Era il *vodù* che la guidava e le faceva fare tutto quello che voleva. I suoi gesti erano i gesti del vodù. Quando si risvegliava dal trance, non sapeva e non ricordava più niente di ciò che aveva fatto o detto: bisognava raccontarle tutto quello che era avvenuto. Il *vodù* era davvero potente.

Succedeva spesso che la gente, dopo la cerimonia, venisse spontaneamente a ringraziare Amavi, perché aveva trovato il rimedio alla malattia del loro caro. Credevano che fosse stata lei a fare il lavoro. Il *vodù* intanto era già andato via e Amavi, ignara di tutto, li guardava perplessa, incredula, con un'espressione ingenua.

A mano a mano che il tempo passava, i successi dell'*hunò* Briyawo e della sua *tronsì* giungevano alle orecchie di tutti, volando da bocca a orecchio. La loro fama divampò come il fuoco della savana nella stagione secca, diffondendosi in tutta la regione e oltre frontiera. Assieme, Briyawo e Amavi fecero cose davvero sensazionali!

Il prodigio

Un giorno, un giocatore di calcio chiamato Panamiyo ricevette durante una partita un colpo di gomito sotto il mento e si tagliò la lingua, che si staccò per due terzi. La bocca sembrava un torrente di sangue.

Con un fazzoletto premuto sulla lingua lo portarono di corsa all'ospedale. Il dottor Mensah, il medico del distretto, sostenne che non c'era più niente da fare: bisognava recidergli la lingua, altrimenti andava in cancrena.

«Cosa?» chiesero i parenti.

«Ho detto che devo tagliargli la lingua!»

«Non si può tagliare la lingua a un uomo!» replicarono i parenti rifiutandosi di accettare.

«Io non ci posso fare niente» rispose il medico.

I parenti si consultarono: «Dobbiamo provare di tutto prima di fargli questo!»

«Portiamolo a Dugà.»

«Sì, portiamolo da Briyawo e dalla sua *tronsì*: lui saprà cosa fare.»

E di comune accordo lo portarono da Briyawo.

«*Hunò* Briyawo» supplicarono dopo i saluti d'obbligo, «*hunò* Briyawo, aiutaci! Nostro figlio e fratello non può perdere la lingua!»

Quella notte Briyawo invocò il *tron* Benglé su Amavi: «Benglé! Benglé, ti chiamo! Panamiyo qui presente è venuto a trovarci con un grosso problema. Vieni, abbiamo urgentemente bisogno di te. Il ragazzo sta per perdere la lingua.

So che solo tu puoi aiutarlo, tu sei grande e noi siamo piccoli. Tu vedi tutto e noi siamo nel buio. Tu solo puoi guarirlo. Vieni ad aiutarci! Benglé, vieni ad aiutarci, ti prego: è il tuo servo e padrone che ti chiama!»

Intanto fra una frase e l'altra versava gocce di gin, la bevanda preferita dal *vodù* Benglé, sui gessetti di caolino macchiati di sangue raffermo dei sacrifici e suonava il campanello.

Un vento tiepido scivolò vorticosamente nella stanza, facendo tremolare e vacillare per un attimo la fiamma della lampada. Era come se la notte avesse portato il suo messaggio.

Il *vodù* Benglé scese su Amavi che si alzò di scatto e, afferrata l'ascia, con passo marziale si avviò verso il fiume. Briyawo, il giovane calciatore, i parenti e una folla di curiosi bisbiglianti la seguirono. Le fiacche luci delle lampade a petrolio illuminavano il sentiero. L'aria era pesante e umida. Lo schiamazzo delle cicale inframmezzato dai gracidii delle rane era assordante. Le lucciole svolazzanti sembravano stelle impazzite nel buio della notte.

Nel bosco Amavi di colpo si fermò e ci fu un silenzio irreale. Tutti stettero a debita distanza, tranne Briyawo e il giovane che egli teneva per mano.

La sposa degli dèi si avvicinò a un albero nella foresta. Lo annusò, ne accarezzò con dolcezza il tronco nodoso e prima di ferirne il tronco mormorò parole incomprensibili in lingua *haussa*. Poi, con la linfa bianca e densa che ne scaturì, massaggiò la ferita della lingua con lenti movimenti rotatori, mentre il ragazzo emetteva dalla gola mugolii soffocati.

Tutti trattenevano il respiro mentre le zanzare ronzavano nelle orecchie.

Amavi staccò un pezzo di corteccia dall'albero e dopo averci alitato sopra la diede a Briyawo e gli disse di bollirla e di ordinare a Panamiyo di fare degli sciacqui tre volte al giorno con l'acqua della bollitura. Poi, con passo deciso, riprese il sentiero verso il villaggio.

Tornarono indietro seguiti dallo sciame vociferante dei curiosi e degli increduli.

«Questo *vodù* è potente, vedrai che guarirà!»
«Eppure il dottore ha detto che non c'era più niente da fare!»
«Quello conosce solo la medicina dei bianchi.»
«Ci sono delle cose che la medicina dei bianchi non sa guarire!»
«Sì, i bianchi non sanno tutto.»
«Credono di sapere tutto.»
«Eppure sono potenti, vincono sempre.»
«Vincono con i soldi e con le armi.»
«Hanno soldi, ma non hanno la forza. Hanno la potenza delle armi, non hanno il potere degli spiriti.»
«Quelli non credono in niente, non vedono e non sanno...»

Il giovane fu rinchiuso nella capanna dei *vodù*. La gente stette a commentare per un po', a capannelli, poi alla chetichella se ne tornò a casa.

Quando all'indomani Briyawo si inoltrò di prima mattina dentro la foresta per ricercare quell'albero, non lo trovò. Lo cercò e lo ricercò il giorno dopo e poi quello successivo ancora, ma non lo ritrovò più.

Il giorno dopo il giovane iniziò a sciacquarsi la bocca con il decotto di corteccia. Briyawo continuava a invocare gli spiriti e ad annaffiare a suon di campanella i gessetti di *allillo*.

Per tre giorni Briyawo fece quanto prescritto dal *vodù*. La lingua del giovane sembrava ingrossarsi sempre di più. Si formò come un grumo di sangue scuro attorno alla ferita.

Il terzo giorno dopo quella notte il giovane, al risveglio, ebbe dei conati di vomito e sputò una materia scura. Gli risciacquarono ancora la bocca.

Meraviglia: la lingua era guarita del tutto! Le donne fuori si misero a urlare di gioia e in meno di niente il cortile fu gremito di gente che gridava al prodigio.

Il giocatore è tuttora vivo, gode di buona salute, ha smesso di giocare, ma... chiacchiera molto.

Komlanvi

Una mattina, allorché Briyawo si apprestava a prendere la via dei campi per dissotterrare della manioca, gli fu portato un giovane autista di nome Komlanvi. Da sei anni una massa infetta gli usciva dall'ano. Si sosteneva che un collega geloso gli avesse messo "qualcosa" sulla sedia e da allora non riusciva più a sedersi e quindi a lavorare. Dopo aver girato ospedali e vari conventi *vodù*, egli fu raggiunto dalla fama crescente dei *vodù* di Briyawo e della sua *tronsì* Amavi.

Entrato con l'autista nella stanza del *vodù*, Briyawo prese un uovo e un *goro* dalla catasta del *vodù* Benglé, li mise dentro una mezza zucca poi pregò: «Benglé, *vodù* Benglé e fratelli, vi chiamo: c'è qualcuno qui che ha bisogno del vostro aiuto. Correte a prendere la vostra sposa e che venga a dirci che fare!»

Poi, rivolgendosi all'uovo e alla noce di cola, spiegò la malattia dell'autista.

Intanto, da casa sua, Amavi si avviò in trance intonando un canto. Per strada, coloro che la incrociavano, dal canto e dallo sguardo vuoto dei suoi occhi rovesciati stranamente arrossati, capivano che il *vodù* era in lei. Amavi non aveva più uno sguardo umano.

Alcuni la salutavano: «Ben arrivato, tu che hai camminato venendo da lontano!»

Lei non rispondeva oppure assentiva solo con il capo. Coloro che sapevano o che adoravano lo stesso *vodù* la seguivano dicendo: «Il *vodù* è venuto dalla sua sposa!»

Alcuni, già in cammino verso i campi, lasciavano al bordo della strada i loro utensili e la seguivano dicendo: «Abbiamo incontrato nostro padre per strada.»

«Nostro padre è venuto a visitare la sua sposa.»

L'accompagnavano fino in casa di Briyawo, poi se ne tornavano alle loro occupazioni.

Giunta a destinazione, Amavi entrò nella stanza del *vodù* e, prendendo in mano la mezza zucca, inghiottì l'uovo e senza che qualcuno parlasse seppe la ragione della sua convocazione.

Poi si sedette e il *vodù* che era in lei chiese a Komlanvi di portare un capretto. Lo fece sgozzare da Briyawo e ne versò il sangue sul corpo di Komlanvi.

Quando il capretto fu cucinato, tutti mangiarono le sue carni con le mani. A quel punto il *vodù* Benglé ordinò a tutti di ripulirsi le mani direttamente addosso a Komlanvi.

Così fecero. Poi rasarono il capo dell'uomo, per portare via con i capelli tutte le sofferenze e le angosce patite e far crescere, con i nuovi capelli, la nuova vita. Dopodiché lo lavarono, lo vestirono solo con un lenzuolo bianco, cinto in vita, e quella notte lo fecero dormire nel recinto dei *vodù*.

Si racconta che i doni che pretende il *vodù* non li esige per sé, ma gli servono come merce di scambio con i Ñonli che tengono in mano la vita del malato.

Il *vodù* usa le offerte per trattare la guarigione del malato nei colloqui con quegli spiriti ai quali qualcuno l'ha venduto. Durante le trattative il *vodù* chiede: «Cosa vuoi per liberare costui che è sotto la mia protezione? Vuoi un ariete, delle galline, delle bevande, dei profumi?» ed è quanto il *vodù* imporrà al malato.

L'indomani, i *tron* consultati per l'autista indicarono le erbe da usare. Briyawo ne fece un decotto e lo diede all'uomo dicendogli di berlo tre volte al giorno. Una settimana dopo, la guarigione fu completa.

Una volta ristabilitosi Komlanvi chiese come poteva ricompensare i *tron*. Questi affermarono che per ora non volevano ringraziamenti, ma invitarono Komlanvi a fare un figlio. L'uomo, infatti, non aveva figli. I *tron* gli ordinarono di giacere con una donna per avere figli e Komlanvi seguì l'ordine dei *vodù*.

Nove mesi dopo, la donna diede alla luce due maschietti e li consacrò al *vodù*. Komlanvi, felicissimo, tornò per ringraziare.

Consegnata l'offerta, Komlanvi chiese, per sdebitarsi ulteriormente, che gli fosse affidato un giovane della famiglia di Briyawo per insegnargli il mestiere di autista. Gli fu affidato Adokòkoku che egli addestrò alla guida.

Quando Adokòkoku prese la patente, ci fu una grandissima festa durante la quale si immolò un ariete al *vodù*.

Sanaké

Ad Afikuma, una giovane insegnante originaria del Ghana, in servizio presso la missione cattolica a Kpalimé, fu affidato il giovane fratello Sanaké per farlo studiare. Il marito acconsentì e il ragazzo andò a vivere da loro. Avendo saputo dagli zii che il giovane aveva un carattere ribelle, il marito della sorella non lesinò sull'uso del bastone. Anche se tutti sanno che i difetti, a dispetto dei colpi, sonnecchiano ma non muoiono.

A dire il vero, il povero Sanaké era diventato il servo della casa. Doveva svegliarsi per primo, accendere il fuoco per riscaldare l'acqua per la doccia, pulire il cortile, la bicicletta dello zio, il salotto e rassettare i letti prima d'incamminarsi verso la scuola dove arrivava sempre in ritardo dopo i cuginetti. Di ritorno da scuola, lo destinavano a mille commissioni e lui a malapena, nei ritagli di tempo o a notte fonda, riusciva a studiare.

Un giorno, tornando dal mercato, nella fretta di rincasare («Va e torna subito, altrimenti...») perse il resto dei soldi dati per la spesa. Quando lo zio lo chiamò con già il bastone in mano, Sanaké, sapendo cosa lo aspettava, scappò via.

Il giovane fuggì e non tornò, né quella sera, né il giorno seguente. Nessuno sapeva dove fosse andato. Afikuma e il marito mandarono dei messaggeri in tutti i villaggi della zona, ma non lo trovarono. Lo cercarono invano nella baraccopoli dietro gli immondezzai del mercato. Lo segnalarono anche al commissariato e fecero inutilmente degli annunci sul quotidiano nazionale e alla radio.

Dopo due settimane d'intensa e inutile ricerca, Afikuma si rivolse ai *tron* di Briyawo, portando una foto di Sanaké. Briyawo chiamò il *vodù* su Amavi e, dopo avergli mostrato la foto, gli domandò: «Questo qui dove si trova? Dove si trova Sanaké?»

Il *vodù* volle, per iniziare la ricerca, una capra, un gallo bianco, bevande forti e dolci, quattordici *goro*, sette di colore rosso e sette di colore bianco, sette *allillo*.

Ottenuta l'offerta, il *vodù* partì e se ne andò in giro per scoprire dove si trovasse il ragazzo: al suo ritorno avrebbe detto con esattezza dove si trovava, tramite la *tronsì*.

Alcuni dicono che il *vodù* è capace di andare a cercare qualcuno finanche oltre l'oceano nel paese degli *yovo*, i bianchi. Altri sostengono che il suo potere non può varcare il mare, perché lì, nel paese degli *yovo*, vi sono altri *vodù* che sorvegliano i confini: i potenti *vodù* che danno ai bianchi la padronanza sulle cose che riguardano le macchine, ma che non hanno potere sull'anima.

L'insegnante Afikuma eseguì il *katabu*, ossia fece la promessa solenne di quanto avrebbe dato al ritrovamento del fratello (ognuno promette ciò che realmente vuole e potrà dare: montoni, capre, cani, faraone, gatti, galli, galline, oche, tacchini, colombe e ovviamente soldi). Ogni sera, la donna percorreva la strada che separava Kpalimé da Dugà per chiedere notizie del fratellino.

Un pomeriggio, a quattordici giorni dalla richiesta, mentre stava arrostendo sulla brace delle pannocchie di mais fresco, Amavi, travolta dal *vodù*, uscì dal cortile e si mise a correre all'impazzata fino al bosco di tek all'ingresso del villaggio. I giovani della casa la seguirono a fatica e con il fiatone. Lei, invece, leggera e agile come una gazzella, fendeva l'aria in direzione del bosco.

La trovarono all'ingresso del bosco con il giovane Sanaké portato di traverso sulle spalle come fosse carne da caccia.

Il *vodù* era andato a cercarlo in Ghana, dove si era rifugiato nella fuga, e lo aveva trasportato a sua insaputa fin lì.

Amavi grondava di sudore e aveva i muscoli delle braccia tesi allo spasimo, ma non pareva né stanca né affaticata. Una folla festante di uomini, donne e bambini l'accompagnarono cantando fino alla casa di Briyawo.

L'*hunò* Briyawo mandò subito un messaggero a chiamare la maestra Afikuma.

Intanto il ragazzo, un po' frastornato, venne sdraiato su una stuoia all'ingresso del recinto dei *vodù*. Le pupille rivoltate all'indietro lasciavano esposta solo la parte bianca degli occhi, iniettata di sangue.

Briyawo corse a intingere un'erba grassa nell'acqua di rugiada dentro la giara all'ingresso della capanna e iniziò ad aspergergli la fronte, mormorando una miscela di suoni e parole misteriose. Una ventata d'aria fresca passò per il cortile, spazzolando le chiome degli arbusti del recinto. Il giovane rinvenne e, girandosi attonito, rivolse lo sguardo interrogatorio e spaventato alle facce che lo circondavano. Le grida di gioia dei presenti lo spaventarono a morte.

Sanaké, rinvenuto, non ricordava niente del suo viaggio. Egli portava come unico vestito un tessuto lercio annodato dietro alla nuca. Il suo ultimo ricordo era quello della Lorry Station[29] di Accra dove vendeva dei fazzoletti di carta ai passeggeri. Il *vodù* aveva squarciato tempo e spazio per agguantarlo e portarlo al villaggio.

---

[29] Stazione dei taxi collettivi senza tassametri che effettuano fermate su richiesta.

Adjoa

Come per Sanaké, così avvenne per Adjoa, una ragazza scomparsa da anni dal villaggio di Kpélé. I suoi genitori ormai anziani l'avevano cercata ovunque. Il *vodù* la riportò dopo un mese dalla richiesta. Adjoa si era anche sposata e aveva avuto due figli. Ricordava solo che stava allattando il suo ultimo pargolo e di colpo si era trovata lì. La videro entrare con le vesti stracciate nel cortile di Briyawo. Proveniva dalla Costa d'Avorio dove era stata venduta dai mercanti di schiavi a un vecchio proprietario terriero. La donna era stata rapita anni addietro, al ritorno dal fiume, quando era fanciulla, da due robusti individui che l'avevano drogata, legata e portata a un trafficante perché la vendesse.

Adjoa entrò da sé nella stanza del *vodù*. Briyawo le versò sulla testa l'acqua dell'*aflà*[30], con cui le lavò anche la faccia, e il *vodù* la lasciò. La giovane aprì gli occhi e ritornò in sé, spaventata e smarrita. Riconobbe i suoi genitori che balbettavano dalla gioia e decise di portarli a vivere con sé nel paese degli elefanti.

Quando il *vodù* ti chiama, ovunque sei, t'incammini senza sapere perché, senza avere coscienza di dove stai andando. Non è sempre il *vodù* invocato ad andare in viaggio a cercare lo scomparso. Ci sono altri spiriti: il *vodù* ha diversi accoliti *vodù* che lavorano con e per lui, ognuno con la sua specialità.

---

[30] Erba grassa usata per svegliare i posseduti, i soggetti in trance.

Così ogni *tronsì* viene posseduta inizialmente solo da un determinato *vodù*, quello presso cui lei ha trovato grazie. Il *vodù* che ha deciso di parlare attraverso di lei per guarire le persone, ne fa la sua sposa.

Alcune vengono corteggiate dal *vodù* Sakra, altre dal *vodù* Benglé, oppure da Wango, Kundé, Abriwoa, Sugna, Dagazum, Ghelia, Noesi, Tsenghe, Gludza, Apiah, Agzim, Azim, Abossumehemi, Zamantili, Sodja, Katinka e tanti altri.

Il *vodù* che aveva sposato Amavi era il *vodù* Benglé. I *vodù* di Briyawo erano tutti degli *haussa-vodù*, cioè provenivano dalla Nigeria. Ogni *vodù* aveva il suo locale in casa dell'*hunò* Briyawo.

La loro più grande interdizione era il maiale. L'*hunò* Briyawo e tutta la sua famiglia non potevano mangiare carne di maiale, perché era stato il maiale a cercare l'acqua per i *vodù*.

Infatti, si racconta che un tempo in Nigeria, nel paese degli *Haussa*, ci fu una grande carestia. Per mesi non si vide la pioggia. Mancava l'acqua. I campi desolati erano per lo più coperti di cespugli rinsecchiti. La terra arida si screpolava, il cibo scarseggiava e le bestie morivano. Scomparirono dal villaggio cani, gatti, uccelli e lucertole e le trappole rimasero mute e vuote per mesi e mesi.

Un giorno, un tenace cacciatore che si era allontanato a due giorni di cammino dal villaggio alla ricerca di cibo, vide incredulo passare un branco di maiali. Mentre si accingeva a scoccare le frecce, notò che gli animali erano coperti di fango fresco. L'uomo si nascose e li pedinò per un giorno intero per scoprire dove andavano ad abbeverarsi e rotolarsi. Camminò per ore e ore seguendo le loro orme e giunse a un laghetto. Lì vide le bestie che sguazzavano felicemente nell'acqua e ruzzolavano nel fango. Quando se ne andarono, l'uomo uscì dal suo nascondiglio, mise dell'acqua nella borraccia di cuoio e la portò al villaggio tra lo stupore e le grida di gioia di tutti gli abitanti. Quel giorno stesso spostarono il villaggio verso quel laghetto. Fu da allora che decisero di non uccidere più il maiale e tanto meno di mangiarlo. Ecco perché tutti quelli che adorano un *vodù haussa* hanno tutt'oggi il divieto di cibarsi della carne di quell'animale.

Benglé

Per tutti i villaggi e dintorni si sparse la voce che la coppia formata dall'*hunò* Briyawo e dalla *tronsì* Amavi faceva miracoli con il potere del *tron* e da ogni parte giungevano malati per farsi guarire.

Quando portavano un malato, dovevano sdraiarlo all'ingresso della casa. Il *tron* esigeva che l'infermo si alzasse con le proprie forze per incamminarsi verso il suo recinto.

Disteso il paziente, si iniziava a suonare il *brékété*, il grosso e lungo tamburo del *vodù*. Il ritmo del tamburo era inconfondibile. Aveva una cadenza sincopata, ossessiva e incalzante che invitava a muoversi e a ballare.

La *tronsì* Amavi, posseduta, usciva dal recinto come una furia e veniva all'ingresso a impolverare l'ammalato con l'*allillo*. Amavi apriva la bocca e parlava, ma nessuno, compreso Briyawo, udiva i suoni che emetteva. Si vedevano muoversi solo le labbra. Così il *vodù* dava alla persona la forza di alzarsi, per entrare nella sua casa senza l'aiuto di nessuno.

Briyawo rincarava l'invito ribadendo: «Benglé annuncia che ti sta aspettando! Benglé vuole che vieni da lui con le tue forze! Benglé non vuole che ti portino da lui! Ti sta aspettando per aiutarti, ma devi fare tu lo sforzo di andare da lui! Benglé ti sta aspettando! Dai, non perdere tempo: ti guarirà! Alzati e vai!»

Chi riusciva ad alzarsi da solo per raggiungere il recinto degli dèi era considerato già guarito prima ancora dell'inizio delle cerimonie. La malattia cominciava subito a regredire.

Nei casi difficili il *vodù* ricorreva al *gbétsi*: un infuso di erbe medicinali. Amavi, in trance, poneva le erbe legate sulla testa dell'ammalato che veniva frustato come un posseduto e si metteva a correre tallonato da tutti fino a quando, esausto, crollava a terra.

Nel bosco, toltegli le erbe dal capo, Briyawo scavava un buco in cui il paziente veniva lavato. Dopo il bagno, gli venivano rasati capelli, baffi, barba, peli ascellari e pubici. Infine gli venivano tagliate le unghie e il tutto veniva sotterrato nella fossa in cui era stato lavato.

Poi gli cingevano in vita una stoffa di cotone bianco a significare che ora era pulito e non era più nelle tenebre. Per finire gli davano una candela accesa in mano perché ci vedesse fino alla casa del *vodù*.

Il malato rimaneva ancora qualche giorno nella capanna dei *vodù* poi, guarito, se ne tornava a casa.

Djifa

Il venerdì, giorno di mercato a Dugà, il villaggio si animava all'alba. La gente scendeva dalle colline e dai villaggi vicini con la testa carica e il collo sepolto fra le spalle. Le donne della città arrivavano con i loro camioncini per fare provvista di tuberi, verdura e frutta. La piazza si colorava di vestiti sgargianti e le voci acute delle venditrici si intrecciavano febbrilmente con quelle delle clienti che contrattavano al ribasso la merce che avrebbero rivenduto quattro, sei volte più cara in città.

«Ti prendo tutta la bacinella a mille franchi!»

«Non sono qui per divertirmi: se vuoi comprare va bene, altrimenti mi fai solo perdere tempo.»

«Oh, sorella, siamo al mercato e io sto solo mercanteggiando... vero?»

«Sì, sì va bene, va bene ma tu non sai quanto costi fatica fare crescere la manioca!»

«Dimmi il tuo prezzo.»

«Siccome sei la prima cliente della giornata, ti farò un prezzo speciale ma non andare a dirlo in giro.»

«Sentiamo.»

«Ti do questa bacinella per tremila franchi!»

«Tremila franchi?»

«Un favore!»

«No, no, troppo caro! La tua vicina me la dava per millecinquecento.»

«Vuoi scherzare sorella? Non vedi che la mia manioca è di un'altra qualità?»

«Dimmi il tuo ultimo prezzo.»
«Hmmm! Siccome so che sei una buona cliente te la do per duemilaottocento.»
«Ehi! Troppo caro!»
«Sorella! Sorella! Non andare via, vieni, guarda come sono belli questi tuberi! Puoi farne del *fufu*, del *gari*[31]. Sono buoni anche abbrustoliti sulla brace! Dai sorella, sei il mio primo cliente, non rovinarmi la giornata! Dimmi il tuo prezzo!»
«Milleottocento!»
«Vuoi scherzare? Guarda, io scendo a duemilacinquecento. Questo è un grande sacrificio che faccio e lo faccio solo per te, sorella!»
«Facciamo duemila e finiamola!»
«Duemilacinquecento!»
«Duemilaquattrocento!»
«No! Non posso!»
«Allora io vado!»
«Sorella, sorella non andare, va bene, mi rovino, ma te lo lascio per duemilaquattrocento!»

Il giorno del mercato di Dugà portava sempre nuovi clienti a Briyawo. Fu così che un venerdì gli si presentò una giovane coppia: Djifa e Afi. La povera Afi perdeva per la seconda volta un neonato.

Il *tron* identificò in Komi, il giovane fratello di Djifa, che viveva con loro, la causa dei decessi.

Komi si era stabilito da loro e mangiava assieme a Djifa ciò che cucinava Afi. Ma quando Djifa si recava al campo dei suoceri per ararlo o piantarci il mais, il giovane Komi si imboscava al villaggio.

La giovane cognata non osava dire niente per evitare di litigare con il marito. Ma le cose non cambiavano. Esaspe-

---

[31] Farina di manioca tostata.

rata, Afi un giorno sbottò col giovane: «È mai possibile che tu abbia solo la bocca per mangiare e non le braccia per lavorare? Ci fai vergognare con i miei genitori!»
Offeso, Komi rispose dopo essersi succhiato i denti con disprezzo: «Vi faccio vergognare? È così che la pensate? È così che la pensa anche mio fratello? Se è per rinfacciarmi il cibo che mi dai, giuro, sì, giuro che non ne mangerò più e tanto meno con Djifa!»
Djifa, che non era presente, non sapeva niente di tutto ciò.
Quando chiamava suo fratello per mangiare, egli trovava mille scuse per non mangiare con lui. Komi non voleva più mangiare con il fratello perché non si venisse a sapere che mangiava del loro cibo. Ma appena Djifa si allontanava, Komi si ingozzava con gli avanzi o prendeva di nascosto il sugo e si procurava della polenta da un'altra parte.
Quel venerdì, quando dopo la morte del secondo figlio consultarono il tron, questo ordinò di chiamare il fratello di Djifa e di fargli la seguente domanda: «Se ti dico ora che è la tua bocca a uccidere i bambini, la cosa ti è chiara?»
«No!» mentì il giovane.
Bruscamente la lingua gli uscì dalla bocca allungandosi fino al petto.
Il *tron* ripeté la domanda: «Se ti dico ora che è la tua bocca a uccidere i bambini, la cosa ti è chiara?»
«Sì, davvero, ora tutto mi è chiaro. Non c'è bisogno di mostrare l'elefante con il dito. Non mi sono comportato bene!» farfugliò il giovane con gli occhi sbarrati dal terrore.
Quando si cade nel fango non si nega di essersi sporcati.
Come per incanto la lingua gli ritornò a posto.
Così la bocca può condizionare la vita. La parola può uccidere, ma può anche guarire, perché solo tramite la bocca si può ridare la vita. Quando la bocca "prende" qualcuno, il suo ventre si gonfia: egli continua a eruttare, vomitare,

fare dell'aria e andare di corpo. La persona può morire, se non si riesce a capire in tempo che il suo male viene dalla bocca.

Il fratello di Djifa con la bocca aveva giurato che non avrebbe più preso cibo da loro, eppure continuava a farlo e la bocca si era vendicata. Per gli Ewé la parola è cosa sacra. Quando si rifiuta una cosa, si rifiuta. Altrimenti bisogna lavare il tempio della parola per cancellare la frase detta.

La bocca si era accanita sui bambini perché era a causa delle gravidanze di sua moglie che Djifa, da studente, andava a coltivare i campi dei suoceri che lo ripagavano col cibo.

Briyawò disse a Komi e Djifa: «Ora dovete fare pace, perché succede che delle *calebasse*[32] troppo vicine possono urtarsi. Anche se la canna dei fratelli si piega, non si rompe, e neanche un buon amico è paragonabile a un cattivo fratello.»

Per riconciliare definitivamente i due fratelli, Briyawo preparò la sera, alla vigilia, una *calebasse* d'acqua con dentro degli oggetti che erano serviti a nutrire i due fratelli. Si fece portare una spiga di mais, l'asta lunga usata per preparare la polenta, quella corta a spatola, *afèkè*[33], un pezzo della mezza zucca che serve a prendere la polenta, del *gombo*, qualche pallina di polenta. Ripose il tutto dentro l'acqua e lasciò la *calebasse* fuori nella notte sotto la rugiada.

Al mattino, davanti agli anziani della famiglia, i fratelli dichiararono: «Che tutto ciò che ci siamo detti di cattivo salga al cielo e che le belle parole rimangano sulla terra!»

Dopo queste parole, per tre volte portarono con le mani quell'acqua alla bocca e la sputarono in aria. La più anziana della famiglia li imitò, poi andò verso l'ingresso del cortile della casa dove versò il resto dell'acqua sentenziando: «Il litigio che vi opponeva è steso a terra con quest'acqua.»

---

[32] Tazza ricavata da mezza zucca.
[33] Asta corta a spatola.

E tutti i presenti passarono sulla terra bagnata per calpestare col piede il ricordo del malinteso.

Così lavarono la bocca e da allora tutti i figli di Djifa sopravvissero. Il *vodù* di Briyawo era davvero potente!

Hengri

Nonostante tutti quei fatti a dir poco fuori dall'ordinario, molti, al villaggio, dubitavano dei poteri dei *tron* di Briyawo e così cercarono di indurlo in errore. In particolare un suo rivale chiamato Hengri.
La lucertola dice: è rimanendo sul ciglio della strada che conoscerai i tuoi nemici. Come è vero che solo stringendo le mani saprai chi è mancino.
Erano i giorni della famosa epidemia di colera che mieté tante vittime innocenti. Poiché tutti i villaggi lungo il corso dell'Adédjé ne usavano le acque per dissetarsi e cucinare, per lavarsi e lavare i panni, la malattia divampò come un fuoco di boscaglia in tutti i paesi.
Dapprima vennero trovati lungo il fiume e sulle sponde i cadaveri di animali con le pance gonfie. Poi i più deboli, gli anziani e i bambini furono falciati come messi. Ogni famiglia pagò il suo tributo di morti.
Ogni notte dei pianti strazianti mordevano il lugubre silenzio sotto la luce fiacca della luna. Il villaggio odorava di carne putrida e di calce viva. Ogni giorno dei corpi venivano seppelliti perché non c'era tempo né mezzi per i funerali.
A Dugà v'era un altro *hunò* di nome Hengri. Questi, prese il figlio che, appena nato, era morto di colera e avvoltolo in una stoffa lo portò a Briyawo che non era stato informato dell'avvenuto decesso.
Vedendo il bambino emaciato, pelle e ossa, e il suo rivale afflitto, Briyawo compassionevolmente si mise a pregare i

suoi *vodù*: «Vi prego, aiutatemi, questo bimbo sta male! Benglé, Sakra, Wango vi supplico, salvatelo!»

Poi, senza esitare, prese il neonato per i piedi e lo tuffò in una giara contenente l'acqua per i *vodù*.

Stupefatti e terrorizzati tutti udirono un urlo straziante seguito dai pianti del bimbo. Ora il bimbo respirava: era vivo ed è vivo tuttora.

Hengri corse a casa ad annunciare la buona notizia. Al suo ritorno da Briyawo, balbettante, confessò tra le lacrime di gioia alla folla radunata in cortile: «Mio figlio non era malato quando siamo venuti. Era morto. Sì, fratello Briyawo, mio figlio era morto. Ora, potenti *vodù* di Briyawo, ditemi cosa devo pagare per averlo riportato in vita.»

Fu allora che il *vodù* si impossessò di Amavi per dettare una lunga lista: un ariete, una pecora, un gallo, una gallina, un gatto, un cane, bevande alcoliche, bevande dolci, *goro* bianchi e rossi, *allillo* e soldi in contanti, tanti.

Hengri si indebitò, ma pagò il tutto senza battere ciglio e mai più mise alla prova i *vodù* di Briyawo.

L'infamia

Fra Briyawo e la sua *tronsì* si creò una simbiosi fatta di una tale fiducia che lei entrava e usciva da casa sua quando voleva e si recava dai *tron* anche quando non era posseduta. A volte lei stessa, accompagnata dal marito, con il tacito consenso di Briyawo, eseguiva delle cerimonie in sua assenza.

Kossivi e Amavi erano come figli per Briyawo. Quando lui tornava, lei gli faceva il resoconto di tutto: «È venuto un tale a consultare i *vodù*... Ha dato questo e ha pagato questo... Tornerà fra tot giorni. Per quel tale, i *vodù* hanno assicurato che...»

Alla fine Amavi passava più tempo davanti ai *vodù* che in casa sua. Tutto questo successo non poteva non fare nascere delle invidie nel villaggio. Cosa volete, gli esseri umani sono fatti così!

Nella piazza del villaggio, al fiume durante il bucato, al mercato e fin dove marito e moglie si fondono l'uno nell'altra, le malelingue cominciarono a insinuare che Amavi non era posseduta solo dai *vodù*.

Fare tacere le lingue è come pretendere di legare l'acqua con una corda: si sa che l'invidia...

I soliti amici ben informati chiacchierarono finché le voci giunsero a Kossivi che all'inizio ne rideva divertito. Poi, come un tarlo, la gelosia cominciò a insinuarsi perfidamente nella sua mente fino a raggiungergli il cuore. Davvero la lingua non ha ossa e tuttavia è molto potente.

Dapprima egli iniziò ad accompagnare la moglie ogni qualvolta si recava dallo zio. Per un po' la lasciò andare da sola piombando all'improvviso come un falco in piena cerimonia o mentre lei risistemava i locali. Lo spirito dell'Adjédé in piena inondava di gelosia il cuore e la mente di Kossivi, togliendogli il sonno. Quando la lisca del pesce è entrata fra i molari, la lingua non conosce riposo.

A qualche mese dall'inizio delle maldicenze, Amavi rimase di nuovo incinta. Sapendo di non aver giaciuto in quel periodo con la consorte, Kossivi accusò Briyawo d'aver cercato sua moglie ed essersi accoppiato con lei.

Glielo urlò in faccia di buon mattino con le labbra tremanti di rabbia. Parole dure e sferzanti come una frustata di liana.

Briyawo si indignò: l'accusa era davvero grave e infamante, e non solo per il legame di parentela. Quando un uomo si unisce a una donna, distrugge ciò che il primo uomo ha deposto nella sua anima per sostituirlo con una parte della sua vita.

«Figliolo, non dire stupidaggini! Sei impazzito?»

«È la verità. Lo dicono tutti. Dicono anche che il nipote di Adonko di Todji ti assomiglia.»

«Kossivi, mi stai offendendo, stai attento a quello che dici perché il vento può fare entrare in un buco ciò che sarà poi incapace di fare uscire. Non ne voglio neanche parlare...»

Briyawo si alzò e se ne andò, reprimendo a fatica la rabbia nascente che si stava infiltrando in ogni fibra del suo corpo.

Al villaggio quel giorno non si parlò d'altro.

Con chiunque fosse disposto ad ascoltarlo, Kossivi si sfogò sulla sua presunta disavventura. Come sempre, di fronte a lui, tanti dimostrarono una compassionevole solidarietà. Appena girate le spalle alcuni non riuscivano a trattenere un perfido sorrisetto beffardo: «Pover'uomo! Se veramente una donna non vuole...»

Briyawo non volle più parlare con lui.

Kossivi, dal canto suo, sentendosi ingannato sospese ogni relazione sessuale con sua moglie e per paura di gonfiarsi e di morire rifiutò il cibo che lei preparava. Quando una donna ti tradisce, non ti tradisce solo con il corpo e ogni cosa che fa o che tocca porta dentro di sé il seme corrotto e velenoso dell'infedeltà.

Egli pensò di ripudiare la donna, ma consigliato dagli amici decise di affidarsi al giudizio degli anziani per appurare la sua innocenza.

Il consiglio degli anziani fu convocato. Fu chiesto a Briyawo di *san fu ka*[34] la sua *tronsì*. Egli rispose che non poteva farlo se loro lo accusavano di aver dormito con la donna. Komissa e Anku strinsero la corda della gravidanza e subito al mattino la donna iniziò a perdere sangue.

Briyawo fu trascinato in giudizio davanti al consiglio con l'accusa di aver insidiato Amavi. Amavi venne convocata: lei non confermò ma lasciò intendere che Briyawo l'aveva insidiata. La sua parola, e in questo caso il suo silenzio, valeva quanto quello di Briyawo.

Qualcuno suggerì di andare al giudizio della corda. Per eseguire questo temibile giudizio avrebbe dovuto essere chiamato un potente *bokono*[35] del villaggio di Kussuntu. L'uomo, dopo aver tracciato un cerchio sacro per terra, avrebbe fatto al centro un buco profondo poco più d'un mezzo metro. Avrebbe preso poi una corda sottile e, dopo aver fatto a un'estremità un nodo a cappio, avrebbe interrato nell'orifizio il capo libero. Togliendosi i sandali, l'officiante, con un bicchiere di *sodabi* in mano, ne avrebbe versato il contenuto a terra vicino al buco e avrebbe iniziato a chiamare gli spiriti. Avrebbe poi fatto inginocchiare sul limite esterno del cer-

---

[34] Far abortire.
[35] Indovino.

chio Briyawo e gli avrebbe passato il cappio intorno al collo, scandendo parole esoteriche e accompagnandosi con rulli di tam tam. A quel punto la corda si sarebbe tesa a poco a poco, trascinandolo verso il centro del cerchio. La stessa cosa avrebbe fatto con il nipote. Se il colpevole si fosse rifiutato di confessare i suoi misfatti, il nodo gli si sarebbe stretto inesorabilmente attorno al collo, fino alla morte.

Col giudizio della corda uno dei due sarebbe morto. Trattandosi di familiari, il capo consiglio decise di non eseguirlo.

Briyawo continuava a guardare intensamente Amavi ma non disse niente. Lei, a testa bassa, non osò sostenere quello sguardo. Il silenziò della donna, inteso come timore, lo condannò.

Il consiglio gli ordinò di pagare da bere per riparare il torto: tre bottiglie di *sodabi* per il consiglio, tre di gin e tre di bevande dolci per il nipote. Briyawo pagò la somma necessaria all'acquisto delle bevande e, senza proferire parola, si alzò con un profondo sospiro e se ne andò.

Profondamente amareggiato, Briyawo in cuor suo pensò: "Il mondo è come la pelle del camaleonte, ma sono certo che se la menzogna parte di buon mattino e la verità solo verso sera, la verità raggiungerà la menzogna perché anche di notte il latte è bianco!"

Da quel giorno, Kossivi intimò ad Amavi di non fare più la *tronsì* per lo zio. Lei annuì silenziosamente con il capo.

Briyawo non aveva più una *tronsì*.

Col tempo Kossivi perdonò la moglie, anche se in cuor suo, certe sere, il tarlo rodente della gelosia, sostenuto dallo spirito dell'Adédjé in piena, lo faceva traboccare di odio nei confronti dello zio. Mormorava tra sé e sé: *"Yèlè*[36]... *yèlè..."* meditando la sua vendetta.

---

[36] Pazienza.

Il furto

Dal giorno del consiglio, Briyawo e Kossivi non si parlarono più ed evitarono di incontrarsi.
Una sera Kossivi, fra un boccone di *fufu* e l'altro, leccandosi le dita disse ad Amavi: «In fondo eri tu a fare i miracoli!»
«No! Erano i *tron* che operavano tramite me.»
«Sì, è vero, però sei tu la prescelta dei *vodù*.»
«Sì... forse...»
«Quindi basta chiamarli e loro verranno in te.»
«Non lo so... credo di sì... ma bisogna averli i *vodù*!»
«Che ci vuole!»
Intuendo i suoi propositi, lei lo ammonì: «*Fo*, è pericoloso!»
«Chi vuole il miele deve avere il coraggio di affrontare le api!»
Quel giorno il marito vendicativo non riuscì a convincerla. Ma i giorni successivi tornò sull'argomento in vari modi per far cadere gli scrupoli di Amavi: «Come puoi difenderlo dopo quello che ci ha fatto? E poi non gli portiamo mica via il suo potere: lui dice che ce l'ha dentro la pancia! Si possono tagliare le noci di palma senza aver tagliato i rami che le proteggono. Insomma, è giusto che l'antilope abbia il tempo di crescere anche se il leone è nella stessa foresta! Dobbiamo farci strada anche noi!»
Come l'acqua sporca può spegnere il fuoco, così Amavi giorno dopo giorno abbandonò le sue riluttanze.
Una mattina Briyawo si recò nei campi e in sua assenza Amavi, come era sua abitudine, entrò nel locale a scegliere

delle cose. Entrò senza farsi notare da nessuno e prese del *goro* e dell'*allillo* dai *vodù* di Briyawo per farne dei *tron* in casa sua. Amavi non rubò le giare contenenti i *vodù*, ma si portò via solo queste due cose: noce di cola e gessetti di caolino.

A casa loro, Kossivi iniziò a pregarli come tante volte aveva visto fare dallo zio; perché quegli oggetti erano come i *vodù* stessi, ne erano l'essenza.

Kossivi invocò i *vodù* e i *vodù* risposero: la donna entrò in trance. Iniziarono a fare *tron* anche loro.

Con il *tron* così costituito Amavi e il marito iniziarono a compiere meraviglie. Le parole del *vodù* si realizzavano, qualunque cosa Amavi diceva in trance si avverava. Addirittura le persone si rivolgevano a lei per cercare lavoro. Bastava scrivere una lettera come quelle per la richiesta di lavoro e affidarla durante la cerimonia al *vodù*. La persona, aspettando poi tranquillamente in casa, si vedeva recapitare una lettera d'assunzione per il posto desiderato. Si sosteneva che il *vodù* traduceva la lettera in spirito, poi andava a lavorare lui stesso nella mente del datore di lavoro, che non poteva fare altro che assumere la persona.

La povertà e la disperazione portavano la gente ad aggrapparsi a ogni barlume di speranza e più ancora a ingigantire con l'immaginazione, nel passaggio da bocca a orecchio, ogni minimo evento, soprattutto quando si rivelava incomprensibile alla ragione. Si crede in quello che si vuole credere.

Così la voce correva a Dugà e nei villaggi contigui. Tutti riconoscevano che il *vodù* Benglé era forte. Tutti affermavano che davvero Amavi era la sposa prediletta degli dèi. Il cortile di Kossivi e Amavi era sempre pieno di clienti fino a tarda notte. Tanta era la gente che tornava per ringraziare e pagare i *katabu,* che bisognava prendere appuntamento in anticipo.

Intanto i clienti di Briyawo diminuivano e molti lo lasciavano chiaramente per andare da Kossivi e Amavi. Il filo segue sempre l'ago.

Nonostante tutto, l'*hunò* Briyawo non si perse mai d'animo. Tante volte aveva sentito suo padre ricordare che il potere è come la rugiada. Mai e poi mai ebbe parole di lamento o di rimprovero verso i suoi *tron* che sembravano averlo abbandonato. Non si ribellò neanche quando, travolto dallo scandalo, sua moglie Ayawa lo abbandonò e lui dovette cercare un'altra donna.

Quando incontrava Briyawo, Kossivi iniziava a insultarlo con scherno: «Briyawo, infame, tu sei finito. Ora siamo noi gli dèi della terra: tu non hai più niente, nessun potere, e nessuno verrà più da te! Tu non sei nessuno.»

Quando il gatto è sazio, sostiene che il sedere del topo puzza!

Briyawo, sapendo che Kossivi era posseduto dallo spirito dell'Adédjé, stette zitto e non disse mai niente. La vita gli aveva insegnato che non è al mattino che si dice che la giornata è stata bella.

La sfida

Kossivi, figlio di Mambono e marito della *tronsì* Amavi, un sabato sera andò a cena dal fratello Gbédé. Siccome sua moglie aveva visto la luna, per divieto dei *tron*, non poteva né avvicinarsi a lei né mangiare del cibo da lei cucinato. Si sostiene che in quel periodo del suo ciclo lei appartenga totalmente ai *vodù*. Così Kossivi prese l'abitudine di andare a mangiare da suo fratello in quei giorni.

La piazza principale del villaggio, solitamente sonnolenta di giorno, il sabato sera diventava irriconoscibile sotto la cappa umida del cielo nuvoloso.

Quella sera, il sole si era appena nascosto dietro i rami giganteschi degli alberi dai tronchi grigi che costeggiavano il fiume Adédjé, eppure il buio aveva già avvolto tutto il villaggio col suo manto scuro. Il cielo vellutato sembrava cosparso di una polvere luminosa, tante erano le stelle. Il profumo della terra che si stava raffreddando aleggiava inebriante nell'aria.

La piazza centrale era già gremita di gente; c'erano anche i suonatori di tam-tam e quelli di corno. La luce delle lampade, alimentate dal gruppo elettrogeno affittato per l'occasione, illuminava a giorno il cerchio da ballo, contrastando con il dolce chiarore delle lampadine a petrolio che regnava tutto attorno. Già i ballerini erano lì con i piedi inquieti.

Le donne, profumate, ingioiellate e con i vestiti dai colori sgargianti, esibivano sapienti pettinature elaborate nel pomeriggio. Il sabato sera era l'occasione per sfoggiare i bei vestiti, ballare e corteggiarsi.

Dopo cena i due fratelli, al suono del corno annunciante la festa si erano spostati in piazza a bere qualche cosa. Seduti smaniosi su delle sedie d'ardesia a godersi lo spettacolo, avevano già ingurgitato quattro bicchierini di *sodabi* e le loro lingue si erano fatte pesanti in bocca, tanto che la conversazione si era rallentata e fatta quasi incomprensibile.

Ora nella piazza i danzatori si dimenavano al ritmo dell'*akpessé*, la tipica musica della regione. Le donne si curvavano, ruotando sensualmente i fianchi secondo il ritmo e cantando a gola spiegata. Gli uomini le seguivano nei loro passi, con le fronti imperlate di sudore, avvicinandosi con lascivi movimenti per poi ritrarsi come le onde del mare sugli scogli. I bambini sovreccitati imitavano tutti alla perfezione, intralciando le danze degli adulti. Si udirono risate eccitate gorgoglianti in gola. La terra vibrava sotto il ritmo dei passi.

L'*akpessé* è un ballo vitale: invita all'amore. Il suo ritmo straripante di sensualità è irresistibilmente contagioso. Così contagioso, che ci fu un periodo in cui il capo villaggio aveva pensato di sopprimere questo raduno del sabato sera perché alcuni anziani ci vedevano un'occasione di tentazione e di dissolutezza per i giovani. Non solo perché soccombevano all'alcol, ma soprattutto perché eccitati dal ballo, dietro i muretti e gli alberi, con la complicità del buio, essi si impegnavano con ardore a incrementare la schiera delle ragazze madri. I giovani in coro si ribellarono accusandoli d'invidia: «Ciò che si fa di notte, lo si può fare anche di giorno» dicevano.

Gbédé e Kossivi nella penombra si nutrivano le bocche con apprezzamenti sui fondoschiena, elemento essenziale, a sentir loro, della bellezza femminile.

Al sesto bicchierino, Gbédé che sopportava poco l'alcol decise che avevano bevuto abbastanza per quella sera e si congedò dal fratello: «*Fo*, si è fatta notte, se vuoi rimanere... io domani devo viaggiare per la capitale!»

«Va bene, vado a casa anch'io. Che Dio ci svegli!»

«Che Dio ci svegli!»
Si alzarono, barcollando, con la tipica cautela degli ubriachi quando vogliono fare credere di non esserlo.
Si separarono e Kossivi, con passi incerti e la testa leggera, si avviò verso casa appoggiandosi ai muri. Ogni tanto si fermava per accennare qualche passo di danza, ancheggiando, sull'eco dei tamburi che provenivano dalla piazza.
Giunto a casa, vide che Amavi aveva lasciato accesa una lampada a petrolio davanti alla sua capanna. Kossivi, in preda allo spirito dell'Adédjé in piena, entrò nella capanna della moglie e si sdraiò accanto a lei.
Amavi, che dormiva, si svegliò di soprassalto avvertendo il calore del suo corpo.
Seduta di scatto sul letto gridò: «*Fo*, che fai qui?»
«Hmm! Eh, eh, eh!» ridacchiò il marito.
«Sei ubriaco!»
«Nooo!»
«Sì che sei ubriaco!»
«No e poi no!»
Lei non insistette sapendo per esperienza che in quelle condizioni ogni discussione era inutile. Sospirò e affermò con voce severa, come a un bimbo capriccioso: «*Fo*, vai nella tua stanza, lo sai che non puoi stare qui.»
«Chi l'ha detto?»
«Lo sai bene...»
«Dai!» la esortò lui cingendola con forza.
Lei cercò di opporsi: «Non farlo!»
«Dai... solo un po'... solo questa volta...»
«No!»
«...»
«I *vodù* ci puniranno!»
Lui la bloccò con il peso del suo corpo mentre lei resisteva supplicandolo: «*Fo*, è vietato! Ti prego, non farlo! Ti prego, non farlo!»

Gli anziani sostengono che «non si mettono uova e ferro nello stesso sacco». Kossivi sembrava una furia, un ossesso, come se la sfida a infrangere il tabù acuisse il suo desiderio. Amavi lottò con tutte le sue forze, ma senza l'energia dei *vodù*, lui ebbe presto il sopravvento.

Nella mente d'Amavi l'angoscia e la paura si cristallizzarono paralizzandola. Amavi aveva dentro di sé una furiosa ribellione che contrastava con la sua impotenza. Lamenti e rabbiosi sospiri si mescolarono nel buio della notte. Il vento della sera portò languidamente l'eco dei rulli di tam tam della festa. In cortile si sentirono le foglie respirare.

Subito dopo, Kossivi si girò di lato addormentandosi come un sasso e iniziò a russare. Nella notte si udirono per tre volte richiami di uccelli notturni e un cane ululare a gola spiegata.

Amavi seduta sul letto piangeva disperatamente, silenziosamente, con la testa fra le mani. Infine, asciugandosi gli occhi, fece un triste sorriso e mormorò: «Tutta una vita e tanti sogni bruciati in pochi minuti... Come sono crudeli gli dèi!»

Sentì emergere una voce dentro di sé e rispondere: «Non è la spina a ferirti, sei tu che ti ferisci alla spina...»

Kossivi fu svegliato dal suono del tamburo delle cerimonie che scuoteva l'alba con i suoi ritmi. Si guardò attorno stupito, trovandosi nella capanna della moglie. Frammenti di ricordi della notte passata emergevano ora dalla nebbia d'alcol che gli cingeva il capo.

Sentì raddoppiare il ritmo del tamburo dei *vodù*. Di colpo la nebbia si diradò e il suo cuore si mise a battere così forte da sentirlo in gola, incalzato dal ritmo del tamburo. Si sentì la gola secca, non riusciva a deglutire. La paura gli si annodò alla bocca dello stomaco.

Kossivi, conscio dell'enormità della sua sfida, iniziò a tremare invaso dal terrore. Cintosi velocemente la vita con una stoffa, corse a piedi nudi barcollando verso il recinto dei *vodù*.

Entrando, rimase ammutolito di fronte alla scena allucinante che gli si presentava: Amavi roteava su se stessa a folle velocità in mezzo alla stanza mentre si sentiva il suono di un tamburo, ma nessuno lo stava suonando. Attorno alla donna erano sparsi ovunque noci di cola e frammenti d'*allillo*. Di qua e di là, sedie rovesciate, alcune rotte, cocci di bottiglia. I piedi d'Amavi sanguinavano, ma lei continuava a volteggiare, zoppicando come un uccello ferito.

Girò così per almeno un'ora su se stessa poi, all'improvviso, si accasciò a terra, senza un grido, come un burattino a cui avessero tagliato i fili.

Un serpente luccicante strisciò fra i cocci come una saetta e sparì. Il suono del tam tam scomparve come per incanto e l'aria nella stanza sembrò dilatarsi in un silenzio gravido di minacce come un cielo nuvoloso prima della tempesta.

Dominando il panico, Kossivi si avvicinò alla moglie per prestarle soccorso. Quando la toccò, lei scattò lontano come punta da una tarantola. Lorde lacrime amare solcarono in silenzio le guance di Kossivi.

Con umiltà e disperazione, egli si prosternò a terra: «Padre dei padri, spiriti degli antenati, *vodù* Benglé, Sakra... A voi tutti chiedo perdono, vi chiedo mille volte perdono: la mia colpa è davvero grave. Voi siete potenti e io non sono nulla. Io sono meno di un verme. Sono io il colpevole, lei è innocente, risparmiatela. Sono pronto a riparare, ditemi cosa devo pagare per lavare la mia colpa. Una gallina? Da bere? Una capra? Aspettate un attimo...»

Kossivi corse in cortile e ritornò con una capra che aveva legato in cortile e prese uno dei machete del *vodù* con l'intento di sacrificarla. L'animale terrorizzato emise un belato con tono supplichevole. Quando si avvicinò a quello che rimaneva dell'altare del *vodù* Benglé per immolarci la capra, sentì una voce secca e furiosa: «Chi sei?»

Kossivi si girò impaurito prima di accorgersi che erano le labbra d'Amavi in trance, ora accovacciata, a pronunciarle.

«Chi sei tu che osi chiamarci?»

«Sono Kossivi, figlio di Mambono, marito della vostra sposa e nipote di...»

«Apparteniamo a te? Quando e quanto ci hai pagato per richiedere i nostri servizi? Con quale diritto stavi per farci sacrificio?»

Kossivi si ricordò in un lampo che, da quando era stato con Amavi da Briyawo, non aveva mai ucciso per il *vodù*. Sapeva benissimo che prima di uccidere per il *vodù* bisognava essere autorizzati con una formula che Briyawo recitava tutte le volte prima di affidare il machete sacro a chi doveva sgozzare le bestie. Chi non è autorizzato al sacrificio, tagliando la carne dell'animale avrebbe tagliato se stesso.

L'uomo rilasciò l'animale e rimase lì come pietrificato, poi vide Amavi alzarsi, avvicinarsi con il tipico passo del *vodù* Benglé e fissarlo con quegli occhi di calamita ora iniettati di sangue.

Quello sguardo gli penetrò dentro l'anima come una lama tagliente, bruciante, come un ferro rovente, facendolo gemere e vacillare.

«Come hai osato giacere stanotte con lei?»

Kossivi, atterrito, provò timidamente a giustificarsi balbettando: «E... ero ubb... briaco!»

Vodù Benglé incalzò con rabbia e furore: «Come hai osato giacere con la mia sposa?»

Il suono della sua voce si dilatò, soffocandolo e contemporaneamente ustionandogli la mente.

«Chiedo scusa... chiedo perdono...»

«Per averla profanata, sarete puniti!»

La capra emise un furioso belato di assenso e trotterellò con aria di sufficienza verso il cortile.

Kossivi cercò di parlare a favore di Amavi, spiegando in dettaglio il tutto, ma il *vodù* che egli sentiva presente nella stanza e nel corpo di sua moglie non disse più niente. È davvero impossibile pulire l'acqua sporca.

Tutto il giorno il *vodù* rimase con Amavi. Lei cantava, rideva con voci di diversa tonalità, ballava e saltava senza fermarsi.

A Kossivi sembrava di stare in mezzo a un incubo. Non sapeva cosa fare, usciva ed entrava dal recinto, poi si fermava a fissare con lo sguardo teso un punto fermo nel cortile dove le galline beccavano la terra. La sua mente sembrava evaporare dal cervello e sentiva la testa come fosse sul punto di scoppiare.

Era un evento straordinario, non era mai successo che Amavi rimanesse così tanto in quello stato. Sembrava che il *vodù* non volesse più congedarsi dalla sua sposa.

Invano Kossivi provò a risvegliarla con l'*aflà*. Tempo perso. Per un secondo l'idea di chiedere aiuto allo zio Briyawo gli sfiorò la mente. Ma, nonostante la tragedia, un residuo d'orgoglio gli fece abbandonare l'idea. Stranamente quella domenica nessuno bussò alla loro porta.

Il *vodù* si trattenne con la sua sposa fino al calare del sole, poi se ne andò con un soffio, lasciandola spossata, sfinita e febbrile. Kossivi la portò nella sua capanna.

Tutta la notte Amavi delirò con la febbre alta. La bocca balbettava fittamente parole senza senso. Teneva gli occhi chiusi, poi di colpo si alzava dal letto sgranando gli occhi per urlare: «*Fo,* non farlo, ti prego non farlo!»

Kossivi la vegliò tutta notte, asciugandole la fronte e dissetandola con una tisana. Provò a farle ingoiare una minestra calda di peperoncini per farle buttare fuori il sudore cattivo della febbre, ma lei la rifiutò. Nessuno dei due riuscì a prendere sonno. La luce pallida dell'alba li trovò con gli occhi sbarrati, arrossati, brucianti come cosparsi di sabbia.

Vedendo che la moglie non migliorava, Kossivi andò a chiamare suo fratello Gbédé.

Alla vista della cognata egli rimase interdetto e spaventato, suggerendo di portarla subito in ospedale. Kossivi si oppose suscitando irritazione nel fratello: «Perché sei venuto a chiamarmi?»

Kossivi non ebbe il coraggio di spiegargli tutto e il fratello spazientito, urlò con rabbia: «Tua moglie sta male. Io dico che devi portarla in ospedale!»

«Non se ne parla!»

«Allora arrangiati!»

E girandosi con rabbia se ne andò.

La febbre aumentava e Amavi continuò a rifiutare il cibo per tutto il lunedì. Kossivi tentò qualunque strada. Con passi lenti e faticosi la trascinò prima dall'*hunò* Hengrì.

Giunti all'ingresso del suo cortile, Amavi si fermò. Non riusciva a fare neanche un passo in avanti: era come impietrita. Il suo corpo non l'obbediva più. Non aveva problemi ad andare in altre direzioni, ma appena cercava di varcare la soglia del cortile il corpo si bloccava.

Kossivi la fece sdraiare lì davanti all'ingresso e corse a chiamare l'*hunò* che stava officiando.

Di fronte al fenomeno, Hengrì indietreggiò per togliersi i sandali poi si prosternò a terra in silenzio.

Quando si rialzò, disse a Kossivi: «Se un vaso bucato perde significa che qualcuno vi ha messo dell'acqua. Avete infranto un grosso tabù: non posso fare nulla.»

«Come? Non abbiamo fatto niente!»

«Figliolo, quando si ha male alla testa, non si offre il ginocchio da curare. Portala da tuo zio, lui ha una forte energia, ha il *vodù* dentro di sé: solo lui può salvarla. Andate subito da Briyawo!»

In cuore suo Kossivi sapeva che lo zio Briyawo avrebbe senza sforzo risolto la malattia. Ma né lui né i suoi amici, che si precipitarono informati dello stato di salute della donna, osarono chiamare Briyawo.

Lasciata la dimora dell'*hunò* Hengrì, decisero di consultare altri guaritori, ma senza successo e, tenendola sulle braccia, riportarono Amavi a casa.

Vista la fama della sposa degli dèi, la notizia della misteriosa malattia di Amavi si sparse per tutto il villaggio. Nessuno, tuttavia, ne parlò a Briyawo. Qualcuno in cuore suo se ne rallegrò malignamente. La felicità altrui, proprio perché di altri, non può che suscitare invidia. L'altrui disperazione stimola compassione perché confrontata alla nostra ci dà sollievo e ci conforta.

Fiumi di commenti sciacquarono le bocche: «Se davvero è la sposa degli dèi, perché non li chiama in aiuto?»

«Se è riuscita a guarire tanta gente perché non salva se stessa?»

«Per me ha offeso gli dèi.»

«Ormai adoravano solo i soldi.»

«Fossi in lei chiederei aiuto all'*hunò* Briyawo.»

«Dopo quello che è successo...»

«Lo sai che dall'*hunò* Hengri si era trasformata in pietra?»

«Addirittura le usciva del fumo dal naso...»

«Povera donna...»

«Sì, povera donna...»

«Questa vita è solo sofferenza...»

«Per noi poveri è sempre sofferenza.»

La verità

Al terzo giorno, Gbédé costrinse suo fratello a portare Amavi in ospedale.

Quella mattina, grossi nuvoloni simili a veli di cotone comparvero nel cielo incappucciando la montagna e nascondendo alla vista il villaggio di Todji. Dapprima un vento gelido si mise a fischiare muovendo la chioma degli alberi. Poi d'improvviso, senza farsi annunciare dalle gocce, si mise a piovere a dirotto come se tutta la rabbia degli dèi si fosse scatenata contemporaneamente. Tuoni e fulmini scoppiarono ripetutamente fra gli stridii del vento che sfregiava i rami. I sentieri vennero invasi da un torrente d'acqua rossastra che scorreva a gonfiare l'Adédjé. In meno di un attimo i cortili si trasformarono in pozzanghere e in scivolose isole di pantano.

Il figlio di Gbédé si tuffò nella pioggia per cercare nella piazza un mezzo di trasporto.

Fortunatamente il taxi di Adokòkoku, il giovane che aveva imparato a guidare grazie all'autista Komlanvi, era appena tornato dalla città. Kossivi e Gbédé trasportarono Amavi scossa da tremori sotto l'acqua battente. Le gocce di pioggia con il loro picchiettìo tambureggiavano sul tetto dell'abitacolo come sassolini.

Presero la via in discesa verso la città, sfidando il tempo e la strada dissestata, con la vettura che dondolava di qua e di là sussultando nelle buche, nonostante i disperati tentativi dell'autista di evitarle, come in un percorso a ostacoli. La pioggia sferzava e limitava la vista come una tenda, vanificando il lavoro dei tergicristalli sui vetri appannati. Il giovane autista, disperato, guidava con la testa fuori dal finestrino.

Quando, a metà strada, una saetta accecante, seguita da un tuono più forte, squarciò il cielo, tutti trattennero il respiro e pensarono a Heviesso, il dio del tuono che puniva col suo fulmine coloro che lo offendevano. Impietoso il fulmine affondò i suoi artigli incandescenti nella pioggia. L'angoscia si addentrò nell'abitacolo, scivolando con il buio. Compirono il viaggio in silenzio. La vettura sembrava una barca in balìa di un mare in tempesta.

Quando giunsero nelle vicinanze della città, la furia della natura si era calmata. L'aria era serena e le strade avvolte nel silenzio. La pioggia sembrava aver cancellato ogni suono.

In ospedale tre medici, fra cui il dottor Mensah, a turno la visitarono. Dopo aver bisbigliato fra di loro, sentenziarono che la trovavano emaciata e debole, ma non riscontravano nessuna malattia. Aveva brividi, tremava e scottava, ma il termometro indicava una temperatura normale.

Alla fine conclusero all'unanimità che sicuramente la donna aveva una situazione da chiarire, ma che di certo non si trattava di una "malattia da ospedale".

«Vedi che avevo ragione!» ribadì Kossivi.

«Cosa significa che non è una "malattia da ospedale"?» chiese Gbédé.

Il primario non lo degnò di uno sguardo e, girandosi verso la paziente, pregò Amavi: «Sorella, devi liberarti di quello che hai dentro di te e che ti sta consumando. Ma tutto dipende da te. Lo sai bene che, se metti il fardello sul ginocchio, qualcuno ti aiuterà a metterlo sulla testa.»

Amavi capì, a quelle parole, che era giunta la sua ora.

Il dottor Mensah si informò: «Da dove venite?»

«Da Dugà.»

«Da Dugà? Allora andate da Briyawo: dicono gran bene di lui e della sua *tronsì*! Ha fatto un prodigio con la lingua di un giocatore.»
Un imbarazzante silenzio accolse quelle parole.
Gbédé ringraziò del consiglio, ma supplicò di tenerla in osservazione da loro, almeno fino all'indomani, anche perché non se la sentivano di riportarla a casa con quel tempo. I medici acconsentirono e le fu trovato un materasso nel corridoio.
Quando i medici se ne andarono, Amavi mosse le labbra a fatica, lo sguardo rivolto al cognato, per chiedere: «Voglio parlare con gli anziani...»
«Qui in ospedale?»
Lei fece "sì" abbassando le palpebre. Gbedé si girò verso il fratello.
«Fai quello che ha chiesto» disse lui rassegnato.
Gbédé se ne tornò a Dugà per convocare gli anziani per l'indomani.
Amavi, la sposa degli dèi, fece chiamare in ospedale il consiglio del villaggio per confessare che da quando faceva la *tronsì* con Briyawo, quest'ultimo non aveva mai e poi mai visto la sua nudità né mai aveva chiesto niente in quel senso. Con voce flebile, ella spiegò che era stato un uomo del villaggio di Kussuntu di passaggio a Dugà, un certo Koamitsé, a violentarla una notte in cui tornava dalla capanna dei *vodù*. L'uomo, quindici giorni dopo avere giaciuto con lei, era morto lasciandola incinta. Questa era la verità.
Un grande silenzio accolse le sue parole. Nessuno fece commenti. Non era certo il luogo adatto per un *palabre*[37]. Se ne andarono tutti come erano venuti, lasciandola stremata, con Kossivi accovacciato e prostrato accanto al suo giaciglio.

---

[37] Discussione.

Amavi rimase ancora due giorni in ospedale. Niente di lei ricordava la potente sacerdotessa di Benglé: era diventata l'ombra di se stessa. Raggomitolata sul materasso in mezzo al corridoio, tremava tutta e aveva il respiro affannoso.

Nonostante le incisioni sulla pelle riempite di erbe calcinate, eseguite di nascosto dal marito, Amavi morì in ospedale due giorni dopo il suo ricovero, senza più pronunciare una sola parola.

Era passato un anno, giorno dopo giorno, dal furto dei *vodù*.

Kossivi, affranto dal dolore, non poté riportare il corpo di Amavi né a Dugà né a Tovue, perché per farlo avrebbe dovuto attraversare l'Adédjé.

Era vietato passare l'Adédjé con un cadavere: i morti non attraversano i fiumi perché morire è già un guadare dalla sponda della vita a quella del regno degli spiriti.

Il corpo di Amavi fu sotterrato in città fuori dal cimitero: la sua morte risultava anomala. Solo le unghie e i capelli furono portati oltre l'Adédjé per essere sotterrati nel suo villaggio a Tovue-Agbessi.

Briyawo

Briyawo venne a sapere della morte di Amavi casualmente dalle chiacchiere al mercato e ne rimase addolorato.

Per i guai in cui lei lo aveva trascinato, l'*hunò* Briyawo, fratello di Mambono e zio di Kossivi, decise di non andare ai funerali di Amavi, ma comprò della stoffa da dare al marito – essendo suo nipote non conservava rancori verso di lui – per la sepoltura della moglie. Gliela portarono. Lui accettò.

E fu così che nella bara, oltre ai capelli e alle unghie di Amavi, misero la stoffa offerta da Briyawo e i gioielli della donna.

Nonostante ciò, la gente di Dugà andò a dire a quelli di Tovue che era stato Briyawo a uccidere Amavi e che per questa ragione l'uomo non era venuto al funerale della sposa degli dèi.

L'accusa era davvero forte. Alcuni rilevarono che non era la prima volta che i suoi *tron* uccidevano, alludendo al suo esilio da Todji.

All'inizio della veglia funebre, Briyawo fu convocato a Tovue.

Giacché era stato lui stesso a chiedere la donna in moglie per suo nipote, gli anziani del villaggio gli domandarono come mai, con l'accusa di un fatto così grave, non avesse fatto sapere niente a loro. Erano molto contrariati. Agli anziani di Tovue non piaceva neanche il fatto che avesse ripudiato la donna come *tronsì* senza dir loro niente. Quindi Briyawo aveva torto. In silenzio egli attese la loro sentenza.

Lo condannarono a pagare una capra. Briyawo, seppure con l'amaro in bocca, promise di comprare la capra. Chi ha del petrolio in bocca non soffia sul fuoco.

Intrigato dal suo silenzio, il capo villaggio di Tovue, noto per il suo buonsenso, fece sospendere il consiglio e chiese di appartarsi con lui.

«Figliolo, perché non ti difendi?»

«Cosa posso dire... Mi hanno già condannato prima ancora di chiamarmi...»

«Dimmi la *tua* verità!»

Briyawo narrò al capo come erano andate le cose. Le parole uscirono chiare, limpide, senza odio né animosità.

Il capo lo ascoltò in silenzio senza interromperlo.

Finito il suo racconto, il capo lo informò che erano stati i suoi compaesani, Komissa e Anku, a sostenere che lui aveva dormito con la donna e per questo lei era morta. Ecco perché loro avevano deliberato così in consiglio.

Richiamati gli anziani ed ascoltate alcune persone di Dugà che avevano saputo della confessione della donna in ospedale, il capo di Tovue concluse con saggezza: «Quando succede una cosa, grande o piccola che sia, l'ascia non trancia un diverbio, il machete non taglia l'incomprensione. Solo la bocca può parlare fino a che si risolve: il fucile non può finirla. In consiglio bisogna sempre adoperare un ago che cuce. Può essere una storia di donna, soldi o morte: solo la bocca può dirlo e portarlo a termine. Se ci metti il coltello, non si fa che peggiorare il tutto. E se proprio devi usare un coltello, bisogna affilarlo da una parte e dall'altra. Se avessimo sentito la tua versione dei fatti, di certo non avremmo sentenziato in quel senso.»

Briyawo non fece nessun commento e se ne tornò a casa mentre seppellivano, senza rispettare i soliti giorni di veglia, i resti simbolici di Amavi, la sua *tronsì*: la sposa degli dèi.

Un'ombra

Kossivi e Briyawo non si erano quasi più parlati da quel famoso consiglio in cui il nipote aveva accusato l'altro di insidiare sua moglie.

Dopo la morte di Amavi, conclusi i funerali, Kossivi tornò a Dugà, mandò il figlio dai suoceri a Tovue-Agbessi e rimase solo.

Quando ami tanto una donna e quest'ultima scompare, avviene un cambiamento in te che ti rende pazzo e ti fa comportare come tale. Come se dentro si spezzasse definitivamente quel filo sottile che ti lega alla vita. La vita stessa sembra riempirsi di un vuoto insipido, come un urlo senza voce.

Così successe a Kossivi. Egli se ne stava per ore e ore a girare per il cortile di casa o si sedeva con lo sguardo assente fisso nel vuoto, borbottando fra sé e sé. Le sue pupille sembravano sempre guardare qualcosa all'interno, oppure oltre. Si trascinava per casa in disordine, non mangiava più. L'erbaccia invase il suo cortile. Non si accorse neanche che la paglia del tetto si era diradata e nella stagione delle piogge l'acqua filtrava sgocciolando dentro la casa, formando delle pozzanghere che si allargavano trasformando in fango il pavimento di terra battuta. Un tanfo di umido e muffa invase la casa. Pian piano le strutture iniziarono a marcire come la paglia e il tetto finì per sprofondare dentro la casa. Kossivi sembrava non accorgersi di niente. Il morto non sente il proprio odore.

Gbédé cercò di scuoterlo dal suo torpore.

«*Fo*, devi riprenderti!»

«...»
«*Fo*, devi riprenderti!»
«Lo so, ma non ce la faccio!»
«La vita continua, *Fo*. Devi riprenderti!»
«Vorrei, ma non ce la faccio... Amavi è morta... è morta per colpa mia.»
«*Fo*, non piangere... un uomo non piange!»
«Io l'amavo... ed è morta per colpa mia.»
Poi si murava nel suo silenzio.

Kossivi a volte girava per il villaggio e di colpo si fermava immobile con le braccia ciondolanti a fissare il vuoto. All'inizio tutti lo guardavano con compassione, poi qualcuno iniziò a sorridere alle sue spalle. Le ferite aperte all'esterno sono palesi a tutti. Quelle interne che rodono l'anima, sono visibili a pochi.

Suo fratello Gbédé decise di portarlo in casa con sé prima che diventasse lo zimbello del villaggio. Dopo appena due giorni, Kossivi scomparve e lo trovarono raggomitolato e nudo davanti agli altari del *vodù* nella sua casa cadente. Teneva in mano un *goro* e un *allillo* e borbottava sottovoce come dialogando con qualcuno.

Quando Gbédé cercò di parlare con lui, si rese conto che Kossivi non riusciva più a parlare: lo guardava con occhi vitrei. Tentò per un po' di farfugliare, poi rinunciò.

Da quel giorno non parlò più.

Epilogo

Oggi, girando per le strade sassose e irregolari di Dugà, capita di incontrare un uomo di bassa statura, gambe arcuate, barba grigia incòlta, viso scavato e occhi spenti che vi si aggira. I bambini di Dugà lo conoscono bene. Lo chiamano Ñonli, con quel frizzante misto di paura e di sfida che alimenta la fervida immaginazione dell'infanzia.

Davvero nessuno avrebbe pensato che Kossivi, figlio di Mambono, nipote dell'*hunò* Briyawo, sposo della sposa degli dèi, sarebbe finito così, come un'ombra silenziosa, errante e lugubre, preda e bersaglio degli impietosi giochi dei fanciulli di Dugà.

Anche lo spirito dell'Adédjé in piena lo aveva abbandonato!

Indice

Lo spirito dell'Adédjé	7
Il *tron*	9
L'*hunò* Briyawo	20
I primi guai	24
Dugà	29
Una sposa per Kossivi	32
La *tronsì*	37
La sposa degli dèi	43
Il prodigio	47
Komlanvi	51
Sanaké	54
Adjoa	57
Benglé	60
Djifa	62
Hengri	67
L'infamia	69
Il furto	73
La sfida	76
La verità	85
Briyawo	89
Un'ombra	91
Epilogo	93